Preciso saber se estou indo bem!

"Oferecer feedback eficiente é uma das técnicas mais poderosas de comunicação. Quando melhoramos nossas habilidades de feedback, estabelecemos um processo de compreensão, respeito e confiança em uma relação. É esse o poder que esses conceitos têm."

"Quando não damos nenhum retorno a uma pessoa, além de sentir os resultados dessa rejeição, ela pode realmente reagir com baixa produtividade e/ou comportamento inadequado. Desta forma, se sua equipe não está produzindo como deveria ou se você detecta comportamentos inapropriados, é possível que a causa subjacente seja a qualidade e/ou a quantidade de feedback que os colaboradores estão recebendo, provavelmente de você."

"O feedback positivo pode ter efeitos curativos incríveis. Ele pode ajudar as pessoas a superar grandes obstáculos em suas vidas. Isso acontece porque nosso cérebro é programado para dar preferência às coisas positivas. As pessoas mentalmente saudáveis parecem naturalmente desejar receber feedback positivo. Não se esqueça disso."

"Dar feedback é um desafio, pois precisamos entender as outras pessoas e a maneira como elas reagem para aprimorar nossa capacidade de dar retorno. E ser capaz de fazer uma 'leitura' das outras pessoas não é uma habilidade inata, mas algo que precisamos desenvolver."

"A maioria das pessoas reluta em acreditar que dar feedback positivo seja de fato mais importante do que dar feedback corretivo. Somos, em geral, rápidos em apontar os erros dos outros e lentos em reconhecer seus acertos. Tanto na vida particular quanto na profissional, temos o hábito de pressionar os outros listando suas falhas e defeitos."

"O feedback é um nutriente essencial para a vida. Não conseguimos ficar mais do que alguns minutos sem ar, alguns dias sem água e poucas semanas sem comida. Esses são os três nutrientes fisiológicos mais importantes para os seres humanos. Mas a maioria das pessoas não se dá conta de que o quarto elemento fundamental é o feedback."

Richard L. Williams

RICHARD L. WILLIAMS

Preciso saber se estou indo bem!

Uma história sobre
a importância de
dar e receber feedback

Título original: *Tell Me How I'm Doing: A fable about the importance of giving feedback*
Copyright © 2005 por Richard L. Williams
Copyright da tradução © 2005 por GMT Editores Ltda.
Publicado em acordo com a AMACOM, uma divisão da American Management Association, International, Nova York.
Todos os direitos reservados.

tradução: Antonio Evangelista de Moura Filho
preparo de originais: Débora Chaves e Virginie Leite
revisão: Luis Américo Costa, Jean Marcel Montassier e Sérgio Bellinello Soares
projeto gráfico e diagramação: Ana Paula Daudt Brandão
capa: Miriam Lerner
impressão e acabamento: Bartira Gráfica

CIP-BRASIL. CATALOGAÇÃO NA PUBLICAÇÃO
SINDICATO NACIONAL DOS EDITORES DE LIVROS, RJ

W691p
   Williams, Richard L. (Richard Leonard), 1943-
     Preciso saber se estou indo bem! / Richard L. Williams; tradução de Antonio Evangelista de Moura Filho. – Rio de Janeiro: Sextante, 2005.

     Tradução de: Tell me how I'm doing: a fable about the importance of giving feedback.
     ISBN 85-7542-190-5

     1. Comunicação na administração. 2. Retroalimentação (Psicologia). 3. Pessoal – Supervisão 4. Motivação no trabalho. 5. Comunicação interpessoal. I. Título.

05-2500   CDD 658.3124
                                     CDU 658.331.36

Todos os direitos reservados, no Brasil, por
GMT Editores Ltda.
Rua Voluntários da Pátria, 45 – Gr. 1.404 – Botafogo
22270-000 – Rio de Janeiro – RJ
Tel.: (21) 2538-4100 – Fax: (21) 2286-9244
E-mail: atendimento@sextante.com.br
www.sextante.com.br

Dedicatória

Este livro é dedicado à minha filha Tracy Morris, para sempre minha "princesinha"; ao meu filho Dr. Trevor Williams, que é um exemplo de sacrifício e dedicação; ao meu filho Trent Williams, que não mede esforços para ajudar quem precisa; ao meu filho Tyler Williams, que me motiva com seu trabalho duro na Faculdade de Medicina; e à minha linda e brilhante filha Tiffany Williams.

Dedico ainda este livro aos meus genros prediletos, Hector e Mike, que são grandes amigos; às minhas noras favoritas, Anna, Mendee e Cherise, com quem me divirto muito; e à crescente tribo de netos que torna minha vida cada vez mais alegre.

Por fim, este livro é dedicado à minha esposa, Rhonda, que me ensinou muito e continua sendo minha melhor amiga e eterna companheira.

Sumário

Prefácio	9
Teste de feedback	10
1. A experiência	13
O primeiro encontro	14
O homem invisível	16
2. O toque de despertar	22
Novo encontro com a consultora	26
Questionário de Avaliação de Feedback	27
As dez dimensões	28
Oportunidade de Aprimoramento	30
Cinco princípios básicos sobre feedback	33
Dificuldade de concentração	36
3. O balde de feedback	38
A metáfora	38
Furos no balde	39
Trabalho de grupo	40
Uma pergunta surpreendente	48
4. Tipos de feedback	50
Mais uma sessão de treinamento	52
Um balde cheio de furos de balas	56
Três etapas para Scott	61
5. O brilho ofuscante do óbvio	64
Conversa de corredor	65
Nada como um bom almoço	68
6. O que deve ser reforçado	74
As três etapas em casa	77
A mulher ofendida	79

7. Reforçando o positivo ... 83
   Avançando no processo de treinamento ... 86
   Os alvos do SeaWorld ... 91
   Os quartos dos garotos ... 93
   A fórmula do feedback positivo ... 95

8. Feedback corretivo: o mais difícil de todos ... 99
   Duas alternativas ... 101
   Uma tarefa realmente difícil ... 102
   Métodos tradicionais para mudar um comportamento ... 104
   O passo a passo do feedback corretivo ... 107
   Comportamento, desempenho e resultados ... 109
   O jantar romântico ... 110
   Feedback corretivo com perguntas ... 111
   Uma tonelada de perguntas ... 114
   Responsabilidade sobre o problema e a solução ... 115
   Instruções para corrigir um comportamento ... 116

9. O desafio é fazer acontecer ... 119
   Hora do reconhecimento ... 122
   Outra conversa de corredor ... 124
   Hora do feedback corretivo ... 126
   Formatura ... 128
   Hora de tirar férias ... 131

Apêndice ... 134
   Instruções para aplicação ... 135
   Questionário de Avaliação de Feedback ... 135
   Pontuação – Parte 1 ... 139
   Pontuação – Parte 2 ... 140
   Interpretação ... 140
   Gráfico de Avaliação de Feedback ... 142

Agradecimentos ... 143

Prefácio

Meu primeiro contato com os princípios do feedback foi na faculdade, quando li o clássico artigo do Dr. Hank Karp, "The Lost Art of Feedback" (A arte perdida do feedback). Inicialmente encarei sua leitura como uma simples tarefa do curso, porém, à medida que me aprofundava no texto, fui ficando fascinado com a eficácia dos métodos de feedback positivo e corretivo.

Mesmo depois de formado, volta e meia eu consultava o artigo do Dr. Karp e foi assim que assimilei as regras básicas para se estabelecer uma comunicação eficiente tanto no trabalho quanto nas relações pessoais.

Mais tarde, já como professor, utilizei o texto para chamar a atenção dos meus alunos sobre o assunto e também como preparação para um teste do tipo verdadeiro ou falso com dez questões.

Já que, ao ler este livro, você está prestes a embarcar em uma experiência semelhante de aprendizado, achei que seria interessante que fizesse o mesmo teste.

Veja como você se sai.

Teste de feedback

1. O feedback positivo reforça um comportamento aprovado; o feedback corretivo indica necessidade de mudança. (V) (F)

2. Só é realmente necessário dar feedback quando algo dá errado – afinal, espera-se que as pessoas tenham um bom desempenho e um comportamento adequado. (V) (F)

3. Se você fosse obrigado a dar apenas um tipo de feedback, não hesitaria em dar o positivo em vez do corretivo. (V) (F)

4. Se os seus comentários sobre uma pessoa se concentram no que ela faz bem, ela certamente se tornará mais consciente a respeito de sua performance. (V) (F)

5. Ao dar um feedback corretivo com o objetivo de modificar um comportamento de alguém, não deixe que a outra pessoa assuma total responsabilidade pelo que fez. (V) (F)

6. Ao dar feedback, você deve ir fundo nos detalhes e concentrar-se em comportamentos específicos, e não basear-se em atitudes genéricas. (V) (F)

7. O feedback corretivo deve ser empregado para modificar um comportamento ineficaz ou inadequado. (V) (F)

8. Apesar de não ser prejudicial quando empregado de forma apropriada, o feedback corretivo não é uma experiência particularmente agradável. A pessoa que o recebe ficará, no mínimo, na defensiva ou, então, constrangida. (V) (F)

9. Ao dar um feedback positivo, descreva com clareza o comportamento e/ou os resultados gerados pelo tipo de comportamento que você gostaria de ver repetido. (V) (F)

10. O feedback corretivo funciona melhor quando aplicado a comportamentos específicos e imediatamente após o ocorrido. (V) (F)

É fácil ter um bom desempenho nesse teste: afinal, com exceção dos itens 2 e 5, todos os outros são verdadeiros. Percebi, depois de aplicá-lo em muitas turmas, que os alunos normalmente acertam sete ou oito das dez questões. A pergunta 3 é a que todos mais erram. Creio que isso ocorre porque a maioria das pessoas reluta em acreditar que dar feedback positivo seja de fato mais importante do que dar feedback corretivo. Somos, em geral, rápidos em apontar os erros dos outros e lentos ao reconhecer seus acertos. Minha experiência mostra que, tanto na vida particular quanto na profissional, temos o hábito de pressionar os outros listando suas falhas e defeitos.

Já no item 5 o que está em questão é se devemos ou não exigir que as pessoas assumam "total responsabilidade" sobre seu comportamento. Na minha opinião, muitos pais e mesmo alguns executivos tentam poupar, respectivamente, seus filhos e seus colaboradores dessa responsabilidade. A longo prazo, as consequências de serem eximidos de suas obrigações podem ser dramáticas. É por isso que o Dr. Karp defende com tanta convicção a necessidade de que cada um se responsabilize por seus próprios atos.

Nos workshops e palestras sobre desenvolvimento gerencial e liderança que ministrei ao longo dos anos, percebi que os conceitos sobre a importância do feedback foram gradualmente mudando. No início, minhas aulas se limitavam a esclarecer os princípios básicos para se fazer uma avaliação positiva ou corretiva, mas com o passar do tempo formulei a metáfora do "balde de feedback".

Tecnicamente, os ensinamentos contidos nestas páginas são resultado tanto do artigo do Dr. Karp quanto do que aprendi ensinando nos meus próprios workshops. Para mim, aprender a dar feedback foi uma experiência de autoconhecimento. Ao escrever este livro, aproveitei a minha vivência e as histórias que ouvi ao longo dos anos, e considero fundamental o fato de todos os personagens serem baseados em pessoas que realmente existem.

Acredito que as habilidades de comunicação essenciais para manter um alto grau de eficiência no trabalho sejam praticamente iguais àquelas que são necessárias para ser um bom pai/mãe ou marido/esposa. Por essa razão, as técnicas descritas em *Preciso saber se estou indo bem!* podem ser aplicadas em ambas as áreas. Ouvi o seguinte comentário de um editor: "Não estou certo se este é um livro de negócios que pode ser usado na vida privada, ou se é um livro sobre como criar os filhos que tem aplicação nos negócios." Não importa por que ângulo você o veja, minha intenção foi contemplar as duas possibilidades.

CAPÍTULO 1

A experiência

– Olá, Scott, tudo bem? Você vai à reunião?
– Sim, acho melhor não faltar. Estou cheio de trabalho e sem tempo, mas, se eu não for, o diretor vai pegar no meu pé.
– Então vamos logo ou chegaremos atrasados.

Scott se esquecera da reunião marcada para aquela manhã com os gerentes da sua divisão. Ele não queria ir, pois tinha outros compromissos. Na verdade, Scott andava sem tempo para nada nas últimas semanas. Estava com muitos problemas tanto no escritório quanto em casa.

Ao chegarem à sala de reuniões, o diretor anunciou:
– Vamos começar. Temos hoje uma consultora convidada, a quem dedicaremos boa parte do nosso dia. A princípio o que faremos poderá parecer estranho para a maioria, mas tenho certeza de que vocês entenderão a importância do que ela tem a nos dizer. Participei de uma de suas palestras há uns dois anos, mas precisei de um tempo para compreender plenamente sua mensagem.

Scott pensou: "Se levou todo esse tempo para você digerir a mensagem, o que estamos fazendo aqui? Tem um monte de coisas importantes que eu poderia estar resolvendo neste momento."

O primeiro encontro

A consultora assumiu o lugar à frente dos gerentes.

– Em primeiro lugar, gostaria de agradecer o convite para vir aqui. Vamos começar completando a seguinte frase: "O maior problema que um gerente enfrenta é conseguir que sua equipe..."

Não demorou muito, um colega de Scott respondeu:

– Faça o que tem de ser feito.

Outro participante completou:

– Sem choramingar ou reclamar.

Diversos gerentes que participavam do treinamento assentiram com a cabeça ao ouvir o comentário.

Neste momento, um outro colega disse:

– Eu preciso que minha equipe acerte logo na primeira vez.

A consultora perguntou:

– Vamos ver se entendi. De forma geral, seus funcionários sabem exatamente o que você espera deles?

– Isso mesmo – confirmou a pessoa.

– Fiquei curiosa. Se eles sabem o que sabem, por que alguns deles fazem o que fazem?

Um longo silêncio tomou conta da sala, enquanto os participantes refletiam sobre a resposta. Scott estava lembrando que os funcionários que lhe causaram mais problemas naquela semana sabiam o que deviam fazer, mas criavam objeções antes de realizar cada uma das tarefas.

A expressão de Scott deve ter denunciado seus pensamentos, pois a consultora olhou para ele e disse:

– Dá para ver que sua cabeça está a mil. Sobre o que está pensando?

Pego de surpresa, Scott disse:

– Estava pensando que não importa quanto meus funcionários pareçam *saber*, é difícil conseguir que *façam* o que é preciso ser feito. Parece não fazer sentido, né?

– Claro que faz. Faz tanto sentido que vamos dedicar algum tempo desta manhã para encontrar uma resposta. Não gosto de brincar com palavras como acusação, vergonha e culpa, mas quando o funcionário sabe *o que* fazer, *como* fazer e ainda *quando* fazer, mas por alguma razão inexplicável resolve *não* fazer, é preciso descobrir a origem do problema.

Já que ninguém fez nenhum comentário, a consultora olhou para Scott e perguntou:

– O que você acha? Quem é responsável?

Scott balançou a cabeça e disse:

– Se o funcionário sabe o que, como e quando fazer, *mas resolve não cumprir a tarefa*, a culpa é dele.

A consultora bebeu um gole de água, olhou para as 12 pessoas ali presentes e perguntou:

– O que vocês acham: o problema está no funcionário ou no gerente?

A maioria dos gerentes percebeu a armadilha e os que não entenderam não estavam certos da resposta. Scott ficou confuso quanto ao que a consultora queria dizer com aquilo, mas estava convencido de que ele não era responsável pelo fato de seus funcionários se recusarem a colaborar. Na verdade, aquela discussão estava frustrando Scott, mas ele não queria ser desagradável na presença do diretor.

Ao pressentir sua insatisfação, a consultora levantou a sobrancelha e, com um sorriso maroto, disse:

– Para responder a essa pergunta, vou explicar por que seu diretor descreveu esta apresentação como um pouco "estranha". Antes disso, vamos fazer um rápido intervalo de cinco minutos. Preciso organizar uma coisa.

O homem invisível

Scott estava voltando para a sala de reunião quando o diretor o interceptou no corredor:

– Scott, poderia me fazer um favor? Deixaram um envelope para mim com a recepcionista lá na frente. Será que você poderia ir lá pegá-lo? Não tem problema se você se atrasar um pouco para o treinamento.

Um tanto desconcertado, Scott concordou e se dirigiu para o outro lado do prédio. Na sala de reunião, a consultora rapidamente fechou a porta e disse:

– Vamos fazer uma experiência. Scott foi realizar uma tarefa fictícia e, enquanto isso, quero combinar uma coisa com vocês. Dentro de alguns minutos ele voltará com um envelope que o diretor pediu que ele pegasse: essa é a tarefa fictícia. Quando ele chegar, preciso que todos o ignorem. Não vamos olhar nem falar com ele. Se Scott fizer qualquer pergunta, vamos ignorar sua presença. Durante os próximos 60 minutos, faremos de conta que ele não está aqui. Lembrem que por uma hora ele não existe. Façam de tudo para não interagir nem se comunicar com ele durante esse período. Depois do próximo intervalo, vamos descobrir como ele se sentiu ao ser ignorado. Alguma pergunta? Muito bem. Vamos começar para que ele não desconfie de nada quando voltar.

Um minuto depois, Scott entrou na sala e tentou entregar o envelope, mas o diretor o ignorou, mantendo o olhar fixo na consultora. Confuso, Scott colocou o envelope na mesa próxima ao chefe e voltou para o seu lugar.

A consultora estava contando uma história sobre um sujeito que, depois de ser promovido a um cargo de supervisão, se mostrou tão inábil ao lidar com sua equipe que acabou perdendo o emprego. Os funcionários se queixavam de que o novo chefe criticava e reclamava tanto que eles acabaram perdendo a motivação para trabalhar. Tirando os olhos de suas anotações, a consultora perguntou:

– O que acham? Será que é possível estimular os funcionários a trabalhar com mais afinco por meio de críticas, reclamações ou até mesmo sarcasmo?

Ninguém abriu a boca. Todos ficaram em completo silêncio. Finalmente, Scott levantou a mão: queria esclarecer uma coisa. A consultora ignorou seu gesto, e ninguém olhou para ele. Depois de alguns segundos, a consultora continuou:

– Parece que nós não estamos certos quanto à resposta.

A consultora caminhou na direção de Scott e se posicionou bem na sua frente. Sem o olhar, ela continuou:

– Quando alguém os critica ou os trata com sarcasmo, vocês ficam motivados com tal atitude? Quando alguém os ignora, trabalham com mais entusiasmo? Pensem nisso.

Mais uma vez Scott levantou a mão – um pouco mais alto desta vez. Na verdade, sua mão estava bem na frente do rosto da consultora, que parecia não vê-lo. Scott olhou ao redor, mas nenhum dos colegas retornou seu olhar. Era como se estivesse invisível. "O que está acontecendo?", pensou.

Uma hora depois, a consultora fez outro intervalo. Scott procurou seu melhor amigo, com quem trabalhava há cinco anos e que geralmente lhe fazia companhia no almoço. Scott estava chateado – alguma coisa estava acontecendo e ele não estava gostando nada daquilo!

– O que está havendo? – perguntou. O amigo o ignorou completamente e saiu da sala. "Se for uma brincadeira, não tem a menor graça!", pensou.

Na volta do intervalo, Scott estava com os braços firmemente cruzados e com a expressão rígida. Só havia duas possibilidades: ou ele se transformara em um homem invisível ou estava sendo vítima de algum jogo sádico. De uma forma ou de outra, ele estava profundamente incomodado e sentia vontade de sair dali e voltar para sua sala para fazer algo produtivo.

– Algum problema, Scott? – perguntou finalmente a consultora.

– Está acontecendo alguma coisa, mas não sei o que é! – respondeu ele.

– O que você acha que está acontecendo? – insistiu ela.

– Estão todos fazendo algum tipo de brincadeira.

Ao perceber a frustração de Scott, ela sorriu e disse:

– Sim, estávamos de fato fazendo uma brincadeira. O diretor o escolheu para uma demonstração importante, porque você conhece bem as pessoas aqui presentes e ele achou que você não se incomodaria. Espero que ele não tenha se enganado.

– Mas, então, do que se trata? – perguntou Scott.

– Durante os últimos 60 minutos todos aqui lhe negaram qualquer tipo de feedback. Instruí seus colegas a ignorá-lo completamente. Ninguém nesta sala, inclusive eu, podia olhar para você ou lhe dirigir a palavra. Admito que se trata de uma demonstração fora do comum, mas eu precisava que alguém experimentasse o que acontece no coração de uma pessoa que é privada de todo e qualquer feedback. Gostaria que você nos contasse o que sentiu e quanto tempo levou para perceber que havia alguma coisa diferente.

Scott fez uma pausa e disse:

– Percebi logo que entrei na sala. Ninguém olhou para mim. Ninguém mostrou qualquer tipo de reação.

– E você se sentiu... – estimulou a consultora.

– Me senti péssimo, sobretudo no intervalo, quando as pessoas me ignoraram totalmente. Sabia que tinha alguma coisa errada, mas não conseguia compreender o que era.

– E então, Scott, qual a importância do feedback em sua vida?

– Se o que estava faltando aqui era feedback, então é muito importante.

A consultora deu dois passos em sua direção e disse:

– E se você, na posição de funcionário, não recebesse nenhum feedback do seu trabalho durante uma hora, uma semana ou até mais tempo, qual seria seu nível de produtividade ao desempenhar suas funções?

Os gerentes ali sentados perceberam um certo desconforto na expressão de Scott. Estava claro que a situação havia mexido com ele. Scott fez mais uma pausa e respondeu:

– Meu nível de produtividade não seria alto.

A consultora continuou o raciocínio e perguntou:

– Se lhe negassem feedback da mesma forma que aconteceu nos últimos 60 minutos, você seria digno de confiança, responsável ou, digamos, leal a esta organização? Você se sentiria motivado? Tomaria iniciativa no seu trabalho? Qual seria a possibilidade de você recusar uma oferta de outra empresa?

Scott ficou paralisado enquanto tentava encontrar as palavras certas para responder às perguntas. A consultora parecia ter adivinhado o que se passava na sua cabeça. Finalmente, ele admitiu:

– Feedback é realmente importante, certo?

– Isso mesmo, Scott. Feedback é importante para todos nós. É a base de todas as relações interpessoais. É o que determina como as pessoas pensam, como se sentem, como reagem aos outros e, em grande parte, é o que determina como as pessoas encaram suas responsabilidades no dia a dia.

A consultora fez uma pausa enquanto olhava para o grupo de gerentes para ter certeza de que sua mensagem tivera o impacto que ela desejava. Então, voltou novamente sua atenção para Scott e continuou:

– Organizações como esta investem muito tempo, esforço e dinheiro desenvolvendo programas para aumentar e manter a produtividade de seus colaboradores. Basta pesquisar na seção de administração e negócios de qualquer livraria para descobrir dezenas de títulos que têm como objetivo fazer com que os funcionários trabalhem de maneira mais eficiente. Não estou criticando esses livros, mas quero que vocês entendam um princípio fundamental: todos os profissionais precisam de feedback para ser produtivos. Se não recebem um retorno apropriado, as pessoas tendem a criar problemas no trabalho, e isso faz com que a empresa perca tempo e dinheiro tentando resolvê-los. Por outro lado, com um feedback adequado, as pessoas tendem a fazer as coisas que os livros sobre produtividade tentam ensinar.

A consultora completou:

– Qual é a importância do feedback para cada um de nós? Bem, podemos dizer que ele é uma força vital para cada pessoa nesta sala e para todos aqueles que desfrutam de perfeita saúde mental nesta organização.

Um silêncio perturbador foi tomando conta da sala à medida que o significado do que a consultora dissera foi sendo plenamente compreendido. Era óbvio que os gerentes estavam fazendo um inventário de seus próprios estilos de feedback. Alguns olharam para suas anotações ou para o relógio, evitando o contato visual com a consultora. Sem graça, Scott olhou para a parede antes de se voltar para a consultora, que fez um comentário de encerramento:

– Quero agradecer a todos pela presença e pela participação e, em especial, a Scott, por ter sido nossa cobaia. Espero que vocês lhe deem uma dose extra de feedback para compensar o que fizemos com ele. Tudo bem, Scott?

– Vou ficar bem – respondeu.

– No próximo encontro continuaremos nossa discussão sobre o feedback e sua importância para todas as pessoas, incluindo nossos colaboradores e familiares.

Quando todos estavam se retirando, a consultora se aproximou de Scott e disse:

– Espero que esteja bem mesmo. O exercício do envelope pode ser uma experiência muito assustadora.

Fazendo um gesto afirmativo com a cabeça, Scott garantiu que estava tudo bem.

– Agora que você sentiu na pele o poder do feedback, quantos dos problemas que enfrenta com seus funcionários, e talvez com seus familiares, estão relacionados com seu estilo de comunicação?

Aturdido, Scott respondeu:

– Nunca pensei nisso.

– Vai ser muito interessante se você tiver a oportunidade de pensar um pouco a respeito disso antes do nosso próximo encontro. É provável que se surpreenda com a resposta.

Nos dias que se seguiram, Scott refletiu sobre as questões colocadas pela consultora. A princípio, ele concordou que algumas das dificuldades que enfrentava com seus funcionários poderiam estar ligadas à sua incapacidade de "dar um bom feedback", como dissera a consultora. Mas não era possível que todos os seus problemas fossem causados por isso. Com o passar dos dias, ele já não tinha mais certeza de nada.

CAPÍTULO 2

O toque de despertar

De: scott@umaempresa.com
Para: consultora@firmadeconsultoria.com
Assunto: Sua pergunta em nosso primeiro encontro

Sei que nossa próxima sessão de treinamento será apenas na semana que vem, mas não paro de pensar em sua última pergunta. Você questionou se havia alguma relação entre os problemas que venho enfrentando com meus funcionários e o modo como lhes dou feedback. Também insinuou que algo parecido podia estar acontecendo com minha família. Minha primeira reação foi pensar que não havia nenhuma relação entre essas coisas e que minha maneira de me comunicar com as pessoas era perfeita. Tenho refletido muito sobre como me senti durante aqueles 60 minutos, quando ninguém me dirigia a palavra, e como reagi quando me negaram qualquer tipo de retorno. Não estou mais tão certo quanto à minha forma de dar feedback. Qual é a resposta? Existe uma relação?

De: consultora@firmadeconsultoria.com
Para: scott@umaempresa.com
Assunto: Sua mensagem desta manhã

Fico feliz em saber que você tem refletido sobre nossa discussão. Antes de responder à sua pergunta, é preciso que você entenda a importância do feedback – tanto para a relação profissional quanto para a pessoal.

Na verdade, o feedback é um nutriente essencial para a vida. Explico: não conseguimos ficar mais do que alguns minutos sem ar, alguns dias sem água e poucas semanas sem comida. Esses são os três nutrientes fisiológicos mais importantes para os seres humanos. Mas a maioria das pessoas não se dá conta de que para um indivíduo mentalmente saudável o quarto nutriente fundamental é o feedback. Isso mesmo, ele se encontra em uma categoria similar à dos três nutrientes fisiológicos.

Como você aprendeu em nosso primeiro encontro, quando não damos nenhum retorno a uma pessoa, mesmo que seja apenas por uma hora, além de *sentir* os resultados dessa rejeição, ela pode *reagir* com baixa produtividade e/ou comportamento inadequado. Desta forma, se sua equipe não está produzindo como deveria ou se você detecta comportamentos inapropriados, é possível que a causa subjacente seja a qualidade e/ou a quantidade de feedback que os colaboradores estão recebendo, provavelmente de você. A mesma coisa pode muito bem acontecer em sua casa. Será que isso ajuda?

De: scott@umaempresa.com
Para: consultora@firmadeconsultoria.com
Assunto: Feedback

Nunca me ocorreu que meu feedback pudesse ter tamanho impacto sobre as pessoas. É muita informação para digerir de uma só vez!

Tenho um funcionário chamado Jerry. Sua produção era extraordinária, por isso achei que podia diminuir a atenção que lhe dava enquanto ele executava suas tarefas. Ao me afastar, imaginei que ele continuaria produzindo no mesmo ritmo. Mas, nos últimos meses, a produção de Jerry sofreu uma redução de quase 35% e seu desempenho desabou. Dei uma dura e ele melhorou imediatamente, mas apenas por uma semana. Logo voltou a repetir os mesmos problemas. Dei novamente uma bronca. Só que desta vez ele melhorou por apenas um dia. Parece que quando pego no pé dele as coisas melhoram. Mas, por algum motivo, ele não consegue se virar sozinho do jeito que fazia antigamente. E eu não tenho muito tempo para ficar atrás dele todos os dias. Será que esse problema está relacionado ao feedback? O que devo fazer?

De: consultora@firmadeconsultoria.com
Para: scott@umaempresa.com
Assunto: Jerry

Deixe-me ver se entendi. A produção de Jerry era "extraordinária", o que provavelmente fazia dele um de seus melhores funcionários. Ao perceber que ele era ótimo, você diminuiu a quantidade de feedback e deixou o sujeito "se virar sozinho". Então, a qualidade e a quantidade da produção de Jerry despencaram drasticamente, o que fez com que você aumentasse a quantidade de feedback crítico, mas isso só resolveu o problema temporariamente. Agora, você quer saber como fazer para que ele volte ao seu antigo nível de desempenho. Pense um pouco e me responda: o que há de errado nessa história?

De: scott@umaempresa.com
Para: consultora@firmadeconsultoria.com
Assunto: Feedback

Parece que você está dizendo que foi um erro deixar que ele se virasse sozinho quando estava indo bem. Posso entender seu ponto de vista, mas você está dizendo também que eu não deveria repreender um funcionário cujo desempenho sofre uma queda de 35%? Se chamar a atenção de maus funcionários é proibido, então o que devemos fazer? Dar um tapinha nas costas?

De: consultora@firmadeconsultoria.com
Para: scott@umaempresa.com
Assunto: Feedback

Uma pessoa muito sábia disse, certa vez, que é loucura continuarmos fazendo algo que não está dando certo e esperar que os resultados melhorem. Se a sua estratégia não está produzindo o efeito desejado, não faz sentido insistir nela, não é mesmo? O que você pode fazer para melhorar a situação? Você está preparado para compreender o poder do feedback e como ele pode torná-lo mais eficiente e fazer com que sua vida seja mais agradável? A propósito, você está pronto para melhorar as coisas em casa também?

De: scott@umaempresa.com
Para: consultora@firmadeconsultoria.com
Assunto: Estou ficando louco!

Espero não estar louco! Tudo bem, eu desisto. Estou pronto. Como posso melhorar a minha maneira de dar feedback?

Novo encontro com a consultora

O mesmo grupo se encontrou novamente na sala de reunião. Antes de o treinamento começar, alguns gerentes jogaram piadinhas para Scott e outros pediram desculpas. O diretor brincou:

– Scott, que tal pegar um envelope para mim?

Todos riram, inclusive Scott, que estava se sentindo mais à vontade agora do que no encontro anterior.

O diretor pediu aos participantes que se sentassem e disse:

– Gostaria de agradecer a presença de vocês e dizer que tenho certeza de que todos nós aprenderemos um pouco mais a respeito deste assunto tão importante. Com a palavra, nossa consultora.

A consultora tinha organizado as cadeiras em um semicírculo, de forma que os gerentes pudessem ver uns aos outros. Na frente havia uma mesinha sobre a qual ela colocara suas anotações. Depois de agradecer mais uma vez o convite, ela pegou uma pilha de papéis cinza-claros em cima da mesa e os distribuiu para os gerentes.

– Gostaria de dar início ao nosso encontro de hoje com este exercício. Trata-se de um questionário que vai nos ajudar a avaliar a maneira como vocês dão feedback às outras pessoas e as técnicas que utilizam para fazer isso. Este instrumento de avaliação focaliza basicamente o modo como vocês se relacionam no trabalho. Nos encontros futuros, dedicaremos algum tempo a analisar como dão feedback em casa. Sim, porque essas duas formas de retorno estão diretamente relacionadas e são igualmente importantes.

Questionário de Avaliação de Feedback

Enquanto entregava a avaliação para cada gerente, a consultora continuou:
– Por favor, não encarem este exercício como um teste, porque não é mesmo. Todos nós temos pontos fortes e fracos. Antes que possamos reduzir o impacto de nossas fraquezas, precisamos primeiro saber quais são elas. É aí que entra esta avaliação. Depois que tiverem respondido ao questionário e verificado suas pontuações, vocês vão saber em que áreas precisam melhorar, assim como poderão identificar suas maiores qualidades.

Vinte minutos depois, cada gerente tinha em mãos um gráfico com seus pontos fortes e fracos relacionados à capacidade de dar feedback em dez áreas, ou "dimensões", como eram chamadas na avaliação.

1. Elaboração de um plano
2. Abordagem específica
3. Foco em comportamentos
4. Escolha de hora e local
5. Feedback equilibrado
6. Feedback relevante
7. Técnicas eficientes
8. Estilo eficaz
9. Descrição de sentimentos
10. Capacidade de ouvir

Alguns gerentes acabaram de responder seus questionários rapidamente e começaram a comparar seus resultados com os dos colegas. Enquanto outros participantes terminavam de contar seus pontos, a consultora disse:

– Agora que todos têm uma ideia de suas atuais habilidades de feedback, vamos dar uma olhada nas dez dimensões.

As dez dimensões

A consultora pegou o questionário e começou:

– As dez dimensões foram elaboradas para nos dar uma visão geral, uma perspectiva abrangente do feedback. Nas próximas sessões de treinamento, discutiremos cada um desses tópicos mais detalhadamente. Por enquanto, vou fazer uma rápida apresentação de todas as dimensões. Se quiserem fazer anotações, fiquem à vontade.

Quando todos estavam prontos, ela continuou:

– A primeira dimensão é a "Elaboração de um plano". Isso significa refletir sobre o que você deve dizer e, então, dar o feedback com exemplos objetivos, tendo sempre a solução na ponta da língua, mas sem deixar de levar em conta as necessidades e os desejos de seu interlocutor. A segunda dimensão se relaciona à "Abordagem específica", o que pressupõe saber o que de fato aconteceu para apresentar exemplos claros e compreensíveis, sem ter que ficar levantando suposições. Já a terceira dimensão, "Foco em comportamentos", mostra que o feedback eficiente não lida com personalidades, atitudes ou preconceitos, concentrando-se apenas em comportamentos específicos que podem ser analisados e mensurados. A quarta dimensão, "Escolha de hora e local", se refere à agilidade com que o retorno deve ser dado e ao local apropriado para isso. O ideal é que a opinião sobre um trabalho seja dada imediatamente, de preferência em um clima de pouca tensão. As críticas nunca devem ser feitas em público. "Feedback equilibrado" é a dimensão seguinte, que trata do equilíbrio entre o retorno positivo e o corretivo. Como veremos nos próximos encontros, muitos gerentes não conseguem contrabalançar os dois tipos, preferindo dar feedback corretivo.

A consultora olhou em volta e perguntou:
– Alguma dúvida até aqui?
– Devo me preocupar se não consegui uma boa pontuação na última dimensão? – perguntou um gerente.
– Não me preocuparia em excesso – aconselhou a consultora.
– É por isso que estamos aqui. Estes encontros têm como objetivo tornar mais eficiente nossa maneira de dar feedback.

Depois de uma rápida pausa, ela continuou:
– A sexta dimensão é "Feedback relevante". Isso significa que, ao se relacionar com os outros e ao expressar uma opinião, não se deve perder a cabeça ou exagerar. É fundamental ser objetivo e permanecer calmo. Os acontecimentos do aqui e agora são mais importantes do que os de muito tempo atrás. Já a sétima dimensão tem a ver com a utilização de "Técnicas eficientes", como ir direto ao assunto, estabelecer contato visual e focar as questões essenciais. "Estilo eficaz" é a oitava dimensão, cujo foco é a criação de uma abordagem pessoal na hora de dar feedback. Um estilo eficaz requer algum tempo para ser desenvolvido e inclui a prática de não dar conselhos a menos que a pessoa solicite. A dimensão seguinte é "Descrição de sentimentos", o que pode ser complicado para quem tem dificuldade de demonstrar o que sente. Nossos sentimentos são importantes, além de serem poderosos e impactantes quando combinados com uma mensagem de feedback. A última dimensão é "Capacidade de ouvir", que consiste em encorajar a outra pessoa a expressar seu ponto

de vista e então escutar atentamente o que ela diz. Isso requer a habilidade de fazer perguntas genéricas que estimulem a outra pessoa a dizer o que pensa.

A consultora colocou o questionário na mesa à sua frente e olhou para o grupo.

– Quanto blá-blá-blá, não é mesmo? – brincou. – Mas era fundamental dar essas definições antes de analisarmos suas pontuações, ou elas não fariam nenhum sentido. Vamos dar uma olhada nos resultados?

Cada gerente analisou seus resultados nas dez dimensões, tendo por base um gráfico de pontuação que acompanhava o Questionário de Avaliação de Feedback. A pontuação ideal aparecia em destaque numa área sombreada do quadro. Ou seja, o gerente podia ver como tinha sido seu desempenho na primeira dimensão, "Elaboração de um plano", por exemplo, comparando-o com o gráfico. Quando a consultora explicou como interpretar as pontuações, alguns fizeram uma expressão de espanto.

– Agora que vocês entenderam como funciona – explicou ela –, vamos ver se conseguimos aplicar essa avaliação à forma como damos feedback atualmente.

Oportunidade de Aprimoramento

A consultora se dirigiu a um gerente de cabelos louros e encaracolados e perguntou:

– Em quais das dez dimensões você obteve melhor pontuação?

O gerente olhou para o gráfico e disse:

– Pontuei bem nos itens 2, "Abordagem específica", e 4, "Escolha de hora e local".

A consultora balançou a cabeça antes de continuar:

– Vamos ver se consigo colocar de maneira politicamente correta... Em qual dimensão os seus resultados indicam que você precisa melhorar?

Com um sorriso no rosto, o gerente olhou para os colegas e respondeu:

– Essa é uma forma simpática de perguntar onde me ferrei, não é mesmo?

Os gerentes riram, mas estavam conscientes de que cada um tinha pontuações baixas em várias dimensões. A consultora sorriu e respondeu:

– Digamos apenas que em avaliações como esta cada um de nós geralmente tem o que chamo de OA, ou Oportunidade de Aprimoramento. Traduzindo: uma OA é uma área em que qualquer progresso aumentaria significativamente nossa eficácia na conquista de um objetivo. Cite uma de suas OAs.

O gerente olhou mais uma vez para o seu gráfico e disse:

– Minha pior pontuação foi no item 5, "Feedback equilibrado".

– E por que você acha que encontrar o equilíbrio entre o feedback positivo e o corretivo é a sua maior Oportunidade de Aprimoramento?

Depois de uma rápida pausa, ele respondeu:

– Sou um cara do tipo "faça agora". Espero que as tarefas sejam realizadas prontamente. Quando alguém põe a mão na massa e faz o que tem de ser feito, sempre esqueço de demonstrar meu reconhecimento. Acho que é porque não penso muito a respeito.

– E como você reage quando as coisas não saem do jeito que esperava? – indagou a consultora.

– Talvez o problema esteja aí e seja este o motivo pelo qual fui convidado a participar deste treinamento. Sou rápido em apontar o que está errado, mas não tão rápido em reconhecer o que está certo. Desconfio que tenha sido por isso que obtive uma pontuação baixa na categoria do feedback equilibrado.

– Muito boa observação. Suspeito que você tenha acertado em cheio nessa autoanálise.

A consultora continuou sua explicação sobre o Questionário de Avaliação de Feedback.

– Por favor, quero que vocês analisem com calma os gráficos com suas pontuações. Em seguida, marquem com um círculo as duas dimensões nas quais conseguiram a maior nota e desenhem um quadrado nas duas dimensões que são suas Oportunidades de Aprimoramento (OAs). À medida que formos avançando no processo de aprendizado de técnicas eficientes de feedback, vocês podem usar este exercício como um lembrete de seus pontos fortes e de suas OAs.*

Depois de fazer uma pausa para se certificar de que não havia mais nenhuma pergunta, a consultora disse:

– Vamos fazer um rápido intervalo antes de nos aprofundarmos no estudo das técnicas que nos possibilitarão dar um feedback realmente eficaz.

---

* Nota do autor: O Questionário de Avaliação de Feedback utilizado pela consultora se encontra no Apêndice. Talvez seja interessante respondê-lo neste ponto da leitura para ter uma ideia de suas próprias habilidades. Siga as instruções que a consultora deu aos gerentes: circule seus pontos mais fortes e faça um quadrado em volta de suas OAs. Você poderá usar o questionário como fonte de consulta à medida que for aperfeiçoando seu feedback. É provável que deseje se submeter novamente a essa avaliação três ou seis meses após ter lido este livro. Ao comparar a primeira pontuação com a segunda, poderá observar seus avanços e identificar algumas áreas para desenvolvimento futuro.

Cinco princípios básicos sobre feedback

Depois que os gerentes voltaram do intervalo, a consultora disse:

– Antes de falarmos sobre o que podemos fazer para melhorar o feedback que oferecemos aos outros, existem cinco coisas que vocês precisam compreender.

Ela andou na direção de um gerente com um terno escuro e continuou:

– Número um: a qualidade de qualquer relação, seja profissional ou pessoal, depende da qualidade e da quantidade de feedback que cada indivíduo recebe do outro. Se o feedback for pobre, a relação será igualmente pobre. Se for crítico ou ofensivo, assim será a relação. Mas, se for positivo, a relação também será positiva.

A consultora parou na frente de uma mulher que estava usando um casaco bege combinando com a saia:

– Número dois: executivos, gerentes e até mesmo supervisores ignoram o fato de que a cordialidade é um tipo fundamental de feedback. Scott pôde testemunhar o que acontece no coração de uma pessoa a quem negamos totalmente atenção, ainda que por apenas uma hora. Por isso, dar bom-dia a um funcionário e perguntar como foi seu final de semana é um feedback importante. O que alguns podem considerar como algo irrelevante ou papo furado desnecessário é na verdade um feedback de grande valor para a maioria das pessoas. Isso se aplica tanto a seus colaboradores e colegas como também a amigos e familiares.

A consultora parou diante do diretor, olhou diretamente em seus olhos, deu um sorriso e continuou:

– Número três: o contato visual é um tipo de feedback. Quando não fazemos contato visual, é como se estivéssemos dizendo: "Você não é importante o bastante para que eu perca meu tempo olhando para você."

Quebrando o contato visual com o diretor, a consultora deu mais alguns passos e parou diante de um gerente alto e robusto. Olhando para ele, disse:

– A quarta coisa que precisamos saber é que algumas pessoas demandam mais feedback do que outras. Dizemos que elas são de "manutenção alta" porque precisam de muita atenção e disponibilidade. Com frequência, evitamos dar a essas pessoas qualquer espécie de retorno porque temos medo de que, quanto mais lhes dermos, mais irão querer. Mas, ao negarmos feedback a uma pessoa de "manutenção alta", estamos de fato piorando, e não melhorando a situação.

A consultora continuou a andar pela sala e acabou parando em frente a Scott:

– Agora, vamos testar a força de nossa relação. Número cinco: sonegar feedback a alguém é uma espécie de castigo psicológico. Scott pôde testemunhar esse fato! Ele experimentou na pele o desconforto emocional de ser ignorado. Justamente por ser tão doloroso ao ser negado, o feedback pode ser também muito poderoso quando aplicado de forma apropriada. Acho que Scott captou a mensagem em nosso último encontro. Espero que o restante da turma preste atenção na lição que ele aprendeu com essa experiência. É disso que estamos falando aqui!

A consultora fez uma pausa e perguntou a Scott:

– Estamos pegando muito no seu pé, ou você está se acostumando à atenção que estamos lhe dando?

Scott sorriu e disse:

– Não posso dizer que estou recebendo pouca atenção neste treinamento. Mas quero fazer uma pergunta. Nunca pensei que dar bom-dia ou fazer contato visual fosse importante. Para ser honesto, só faço essas coisas quando me lembro delas ou quando são convenientes. Acho que posso falar por todos nesta sala... mas é que aqui na empresa estamos sempre tão ocupados que geralmente ignoramos essas cordialidades. Por que são tão importantes?

Ela encheu o copo com água, bebeu um gole e disse:

– Talvez a história a seguir responda à sua pergunta. Alguns anos atrás me encontrei com o presidente de uma fábrica para conversar sobre os problemas que ele vinha enfrentando na empresa. Ele disse que três coisas o preocupavam. A primeira era que a produtividade geral da fábrica havia despencado 14% nos dois últimos anos, desde que assumira o cargo. A segunda preocupação era que sentia que os funcionários não confiavam nele. As pessoas não lhe davam nenhuma informação e ainda o olhavam de soslaio. A terceira era sua percepção de que seu relacionamento com a equipe baseava-se mais no medo do que no respeito ou num objetivo comum. Mais tarde, quando estávamos fazendo uma visita à fábrica, pude ver diretamente a causa de parte dos problemas. Várias vezes passamos por funcionários nos corredores e nas áreas de produção, mas o presidente estava tão concentrado em suas explicações que ignorava quase todos que o cumprimentavam ou que olhavam para ele esperando um feedback. Nunca vou esquecer a expressão no rosto de uma funcionária depois de dar bom-dia e ser sumariamente ignorada. Seu semblante dizia: "O que tenho que fazer para provocar algum tipo de reação neste lugar?"

Apoiando-se na mesa, a consultora continuou o relato:

– Não contei quantos funcionários ele ignorou naquela manhã, mas foram pelo menos uns 12. Ou seja: ele teve 12 chances de interagir com os profissionais da fábrica, mas, em vez disso, passou a imagem de desatento, indiferente, desleixado e, provavelmente, até de arrogante. Mais tarde, quando voltamos para sua sala, ele me disse: "Simplesmente não sei o que meu pessoal espera. Estou confuso." Perguntei sobre o que ele achara da visita que tínhamos feito naquela manhã e aproveitei para mencionar a funcionária que havíamos encontrado no corredor. Perplexo, ele perguntou: "Que funcionária?" Sua concentração era tão grande que ele simplesmente não a vira.

A consultora balançou lentamente a cabeça de um lado para o outro e, com a voz emocionada, disse:

– Descrevi a expressão no rosto da mulher e a maneira como eu havia interpretado seus sentimentos. Então, eu lhe perguntei: "Se trabalhasse para alguém que nunca olhou para você nem se dignou a dizer um olá, confiaria nessa pessoa? Você se esforçaria para aumentar ou manter sua produtividade? Temeria ou respeitaria esse chefe?"

Depois de esperar alguns segundos, de forma que sua história causasse o devido impacto, a consultora concluiu:

– O presidente compreendeu aonde eu queria chegar, mas foram necessários vários encontros durante muitos meses até que ele pudesse se relacionar com seus funcionários de maneira mais eficaz.

Olhando para Scott, a consultora perguntou:

– Consegue agora entender a importância do que chamamos de cordialidade?

Sem dizer nada, Scott simplesmente fez que sim com a cabeça. Ele tinha captado a mensagem, da mesma forma que os outros gerentes.

Dificuldade de concentração

A sessão durou ainda algum tempo, mas Scott teve dificuldade em se concentrar. Muitas coisas que a consultora dissera naquela manhã o atingiram profundamente. Ele estava feliz por ter sido escolhido pelo diretor para ser a "vítima" da experiência no encontro anterior. Se não houvesse sentido na pele aquele desconforto, talvez não tivesse tido aquele insight. Era exatamente isso que estava dificultando sua concentração.

Ao término da sessão, ele se aproximou da consultora. Sentia que precisava dizer alguma coisa. Ela estava guardando os materiais em uma pasta, quando Scott disse:

– Esse relato sobre o presidente da fábrica foi excelente. Receio ter cometido o mesmo erro aqui na empresa. Vou prestar mais atenção à maneira como trato as pessoas que trabalham comigo, especialmente no que se refere à cordialidade.

A consultora parou o que estava fazendo, fez um suave gesto afirmativo com a cabeça e perguntou:

– Você diz que pode melhorar no trabalho. E em casa, o que pretende fazer?

Scott teve que se segurar para não cair!

– Como sabe que estou tendo problemas em casa também?

Ela voltou a organizar os materiais e respondeu:

– Mais tarde, vamos arranjar um tempo para conversar sobre isso. Talvez eu possa ajudá-lo nessa área também.

Ao retornar à sua sala, Scott estava com a cabeça a mil.

CAPÍTULO 3

O balde de feedback

– É um prazer vê-los mais uma vez. Aguardei ansiosamente por esta sessão, que é minha parte favorita do treinamento – começou a consultora.

Os gerentes estavam reunidos para mais um encontro, e era óbvio que a consultora havia chegado mais cedo para decorar a sala com diversos materiais de apoio.

– Hoje vamos aprender uma das lições mais importantes que conheço. Tão relevante que vou utilizar uma metáfora incomum para tentar transmiti-la a vocês. Espero que esse ensinamento seja útil ao longo de suas vidas.

A metáfora

Havia dois baldes de plástico sobre a mesa. A consultora pegou o menor deles, com uns 25 centímetros de diâmetro, e o levantou pela alça para que todos o vissem.

– Este é o meu balde de feedback – explicou ela. – Ele está localizado em meu coração e todas as vezes que alguém me dá qualquer tipo de feedback, positivo ou negativo, este vai direto para dentro do meu balde. Cada um de vocês também possui um balde de feedback no coração. E qualquer retorno direcionado a vocês vai direto para seus baldes.

A consultora se aproximou da primeira fila de cadeiras e fez uma rápida pausa antes de continuar:

– O problema é que nossos baldes contêm furos – disse, mostrando o fundo cheio de buracos: alguns bem pequenos, outros muito grandes.

Ela voltou para sua mesa e mergulhou um copo no balde maior, que estava cheio de água. Segurando o copo numa das mãos e o balde de feedback na outra, ela despejou vagarosamente a água dentro do balde. A água, é claro, começou a escorrer pelos furos.

– Quando alguém me dá feedback, ele vai para o meu balde e eu reajo de diferentes maneiras – explicou ela. – O problema é que o feedback vai embora por causa dos furos. Se eu não receber nenhum retorno adicional, meu balde acaba ficando vazio com o tempo.

Quando não havia mais água em seu balde, a consultora o virou para mostrar que estava vazio.

– Essa é a metáfora do balde de feedback.

Furos no balde

Depois de colocar os baldes de volta na mesa e enxugar um pouco da água que havia derramado, a consultora olhou para Scott e perguntou:

– Scott, quantos furos tem o seu balde?

– Acho que muitos – respondeu ele, sorrindo.

– Talvez – disse ela. – De onde eles vieram?

Ele pensou por alguns segundos e disse:

– Eu provavelmente fiz alguns deles, os outros podem ter sido feitos por outras pessoas.

A consultora balançou a cabeça em um gesto afirmativo.

– Muito boa observação.

– Acho que descarreguei uma metralhadora no balde de um dos meus funcionários alguns meses atrás – continuou Scott.

– Conte o que aconteceu.

Scott encolheu os ombros, deu uma rápida olhada no diretor e começou:

– Até um ano atrás, ele era um de meus melhores funcionários. Em vez de encher seu balde com feedback positivo, eu o ignorei, achando que ele soubesse que era muito bom e que eu reconhecia seu ótimo desempenho. Acho que seu balde secou e sua produção caiu. Minha reação foi uma saraivada de críticas – acho que isso é o tal do feedback crítico, né? Mas só consegui uma melhoria temporária. Sua produção voltou a cair. Desde que iniciamos este treinamento, comecei a entender que provavelmente eu seja responsável pelo que aconteceu.

A consultora balançou a cabeça concordando.

– Espero que todos tenham escutado o que Scott disse. Talvez ele seja responsável, mas acredito que depósitos positivos no balde de feedback desse funcionário possam resgatar sua produtividade. Scott, essa será sua tarefa.

– Já comecei – disse ele.

Trabalho de grupo

Depois do intervalo, a consultora disse que tinha chegado a hora de todos mostrarem que o treinamento valera a pena.

– Vou dividir a turma em três grupos, e cada um deles terá 20 minutos para responder às perguntas que constam em pequenos cartões que vou distribuir. Cada equipe escolherá um representante, que terá cinco minutos para expor ao restante da turma as conclusões de seu grupo. Aqui estão suas tarefas.

Vinte minutos depois, a primeira representante se levantou para fazer sua apresentação:

– Nosso grupo teve que responder à seguinte pergunta: "Como será que os furos vão parar em nossos baldes?" Concordamos que todos os baldes têm buracos – alguns são pequeninos, outros podem ser enormes. Concluímos também que alguns dos furos estão em contínuo estado de mudança, o que significa que até certo ponto eles podem variar de tamanho ao longo de nossas vidas. Mas vamos à pergunta sobre a origem dos furos em nossos baldes.

A representante foi até o quadro, escreveu as palavras INTERNA e EXTERNA e olhou para a turma:

– Nosso primeiro ponto é que os furos são provenientes de fontes internas e externas. Obviamente, ao falarmos de causas internas, estamos nos referindo às nossas próprias ações ou à nossa incapacidade de agir. Isso significa que podemos fazer um furo em nosso próprio balde. Um dos membros de nossa equipe lembrou que as pessoas autodestrutivas passam muito tempo criando buracos em seus baldes.

Ela fez então um X ao lado de INTERNA e apontou para a palavra EXTERNA.

– Discutimos calorosamente, para dizer o mínimo, a respeito de quem, além de nós mesmos, perfura nossos baldes. Não tivemos tempo suficiente para decidir se de fato podemos evitar que alguém faça os buracos, mas eu acho que podemos, sim, pelo menos até certo ponto.

A representante escreveu os números 1, 2, 3, 4 e 5 abaixo da palavra EXTERNA e continuou:

– Fizemos uma lista com os cinco grupos de pessoas que furam com mais frequência nossos baldes.

Ao lado do número 1, ela escreveu *Pais*.

– Os pais estão em primeiro lugar, pois achamos que a maneira como uma pessoa é criada tem uma grande influência sobre o número de furos que são feitos à medida que ela vai se desenvolvendo.

Figura 3-1. Origem dos furos em um balde de feedback

INTERNA:
1. Nós mesmos

EXTERNA:
1. Pais
2. Amigos
3. Família
4. Chefes
5. Colegas de trabalho

Em seguida, a representante escreveu *Amigos*.
– Os amigos são a segunda fonte, porque as pessoas com quem nos relacionamos desde a infância e também na fase adulta exercem grande impacto sobre os furos.
Próximo ao número 3, ela escreveu *Família*.
– Até mesmo nas melhores famílias há rivalidade entre irmãos, competição, desacordos, brigas e até guerras. E não devemos esquecer o que um cônjuge pode fazer para encher ou esvaziar um balde. Os *Chefes*, sejam eles gerentes, supervisores ou executivos da empresa, representam a quarta fonte. Alguns minutos atrás, Scott disse... como foi mesmo que você falou, Scott? Que fez um estrago no balde de um funcionário com uma metralhadora? Bem, quer seja intencional quer não, como chefes podemos fazer furos nos baldes dos outros tanto pela maneira como agimos quanto pelo que falamos – talvez até pelo que não falamos também. E, finalmente, nossa quinta fonte são os *Cole-*

gas de trabalho. A maneira como nos comunicamos uns com os outros no ambiente de trabalho inclui várias formas de feedback. A qualidade dessas conversas pode abrir novos furos ou tapar alguns antigos. É isso que tínhamos para dizer.

Na sequência, o representante do segundo grupo foi até a frente da turma e deu início à sua apresentação:

– Tivemos que responder a duas perguntas: "Como as pessoas se comportam quando seus baldes estão vazios?" e "Quais são os indícios de que o balde de alguém está vazio?". A primeira coisa que nossa equipe concluiu é que as pessoas, em sua maioria, não sabem quando seus baldes estão vazios. É um sentimento ou uma emoção, algo que não conseguimos reconhecer nem compreender.

Ele olhou para dois membros de sua equipe e continuou:

– Outra coisa sobre a qual discutimos é que, mesmo que uma pessoa soubesse que o "marcador" de seu balde está indicando "vazio", seria muito improvável que ela solicitasse feedback. Os homens, principalmente, teriam dificuldade em fazer isso, pois tal atitude demonstraria fraqueza e não seria considerada muito masculina. Se, como alguns dizem, as mulheres se comunicam melhor e são mais intuitivas, é provável que elas estejam mais bem preparadas para saber se seus baldes estão vazios e, nesse caso, talvez tenham mais facilidade para pedir ajuda. Mas não temos tanta certeza disso.

Consultando suas anotações, ele completou:

– Pensamos em alguns sinais que indicam que o balde está baixo ou até mesmo vazio. Melhor escrever a lista no quadro antes que pensem que a primeira equipe se saiu melhor do que a nossa.

O representante caminhou até o quadro e escreveu "Comportamentos que indicam baldes vazios" no alto. Depois, colocou os números 1, 2, 3 e 4 embaixo do título e escreveu *Baixo nível de produção/desempenho* ao lado do número 1.

– Achamos que o desempenho de uma pessoa está diretamente vinculado à quantidade de feedback em seu balde. Isso não significa que as pessoas parem de trabalhar quando seus baldes estão vazios, mas acreditamos que a manutenção do desempenho requer uma quantidade mínima de feedback.

Próximo ao número 2, o representante do segundo grupo escreveu *Dificuldade de relacionamento*.

– Este item foi muito esclarecedor para mim. Nunca imaginei que a habilidade de manter um relacionamento amigável com os colegas de trabalho pudesse estar ligada à quantidade de feedback que as pessoas recebem. Em meu departamento há dois funcionários que não se entendem de jeito nenhum. Mas, vocês sabem como é, não tenho enchido muito o balde de nenhum dos dois. Talvez seja hora de lhes dar mais atenção e aumentar suas doses de feedback para ver se, assim, consigo melhorar a relação entre eles.

Figura 3-2. Comportamentos que indicam baldes vazios

---

1. Baixo nível de produção/desempenho
2. Dificuldade de relacionamento
3. Pouca iniciativa
4. Linguagem corporal

Depois de escrever *Pouca iniciativa* junto ao número 3, o representante disse:

– Este foi o terceiro comportamento no qual pensamos – apontou para o item no quadro. – As pessoas com os baldes vazios são mais propensas a seguir ordens do que a assumir posições de liderança. Ter iniciativa significa ser capaz de tomar decisões. Aqui na empresa já tivemos muitas discussões a respeito de como fazer com que os funcionários se exponham mais e tomem decisões. É um grande problema que enfrentamos. Baldes mais cheios talvez ajudem as pessoas a sentirem-se seguras para fazer isso. Bom, chegamos ao último elemento, que é a *Linguagem corporal*. Ninguém em nossa equipe é especialista no assunto, mas todos concordamos que o corpo das pessoas dá sinais óbvios de que seus baldes estão vazios. Observei o Scott em nosso primeiro encontro, quando o ignoramos. Sua expressão facial, seus gestos e sua postura evidenciavam seu desagrado com o que estava acontecendo.

O representante olhou para Scott e continuou:

– Estamos sempre tão ocupados em obter ótimos resultados e em aumentar o faturamento que não prestamos atenção no que nosso pessoal está tentando nos dizer. Não parece difícil, basta ficar ligado ao que as pessoas estão dizendo com sua linguagem corporal.

Depois de um rápido intervalo, foi a vez de a terceira representante apresentar o trabalho de sua equipe.

– Em nosso cartão, encontramos a seguinte pergunta: "O que pode ser feito para tapar os furos no balde de uma pessoa?"

Enquanto se dirigia ao quadro, ela disse:

– Parece que os grupos anteriores estabeleceram um padrão, portanto terei que escrever no quadro. Não podemos deixar que a melhor equipe pareça inferior às outras, certo?

Ao segurar a caneta, a representante perguntou no mesmo tom de brincadeira:

– Será que esta caneta mágica tem corretor ortográfico? – sorriu, passando então a expor as conclusões de seu grupo. – Nós identificamos cinco coisas que podem tapar os furos. A primeira é *Desenvolver maturidade emocional*. Não existem muitas coisas que um gerente possa fazer para melhorar a maturidade emocional de um funcionário, mas achamos que, mesmo assim, devíamos incluir esse tópico em nossa lista. Não sei se alguém aqui leu

Inteligência emocional, de Daniel Goleman, mas considero sua leitura fundamental. Acredito que o item número 1 seja um pré-requisito para ocupar a função de chefe, pai ou mãe. O segundo item da nossa lista é *Dar feedback de qualidade*, pois acreditamos que o feedback de alta qualidade tem a capacidade de fechar alguns furos. Outro ponto importante é *Elogiar e reconhecer*. Os funcionários que recebem elogios apropriados e oportunos, além de reconhecimento por suas contribuições à empresa, se sentem mais realizados, o que também contribui para consertar os buracos no balde. Esse assunto já foi amplamente discutido, mas não estou certa de que aqui na empresa o reconhecimento seja expressado de forma satisfatória.

A representante olhou ao redor e prosseguiu:

– O quarto item é ajudar nossos colaboradores a *Comemorar as realizações*. Como gerentes, pensamos apenas nos resultados projetados e acabamos esquecendo de festejar os sucessos individuais. Mas é importante fazer isso. Por fim, o quinto item de nossa lista é *Delegar o poder de tomar decisões*. Chegamos à conclusão de que ter liberdade para decidir faz com que as pessoas se sintam mais envolvidas com seu trabalho, o que certamente exerce influência sobre um ou dois furos. Bem, essas são as nossas conclusões.

Figura 3-3. Métodos para tapar furos em um balde

1. Desenvolver maturidade emocional
2. Dar feedback de qualidade
3. Elogiar e reconhecer
4. Comemorar as realizações
5. Delegar o poder de tomar decisões

A terceira representante voltou para seu lugar, mas quando estava prestes a se sentar, olhou para a consultora e disse:

– Tem mais uma coisa. Levantamos uma questão em nossa discussão que não conseguimos responder. Não temos certeza se, uma vez aberto um furo no balde, este poderia ser remendado de forma permanente. Isso faz sentido? O que gostaria de saber é se um furo existente vazará para sempre.

A consultora puxou uma cadeira e sentou-se.

– Você quer saber se, ao consertar um buraco com o melhor feedback possível, o remendo resistirá e por quanto tempo. É isso que quer saber?

– É – respondeu a representante.

– Essa é uma pergunta comum e, honestamente, não existe uma resposta definitiva, pois as pessoas são diferentes e as situações variam muito. O que posso lhe oferecer são algumas orientações básicas. A resposta técnica é que, uma vez feito um furo no balde de feedback de alguém, qualquer conserto realizado poderá estragar com o tempo. O vazamento pode ser apenas de uma gotinha, ou o remendo inteiro pode cair. A qualidade do remendo depende da qualidade do feedback dado e se ele foi bem recebido pela outra pessoa. Obviamente, é muito mais fácil tapar os pequenos furos do que os grandes. Consegui esclarecer a dúvida do grupo?

Assentindo com a cabeça, a terceira representante respondeu:

– Conseguiu. É mais ou menos o que eu imaginava. Um furinho à toa pode ser fechado e assim permanecer por tempo indeterminado, mas um buraco grande remendado pode apresentar algum tipo de vazamento depois de um tempo. Faz sentido.

– Gostaria de poder garantir que um feedback positivo cuidadosamente elaborado remendará um furo de forma permanente, mas não posso. Essa é uma equação que envolve muitas variáveis. O que posso dizer por experiência própria é que, se vocês praticarem os princípios de feedback que estão aprendendo neste treinamento, estarão aptos a consertar furos e minimizar vazamentos potenciais. Estou convencida disso.

Uma pergunta surpreendente

A consultora agradeceu aos participantes pelos relatórios e sugestões e pediu que todos pensassem no que as equipes haviam dito. O encontro foi encerrado depois de alguns comentários adicionais. Quando os gerentes estavam se retirando da sala, Scott se aproximou dela:

– Obrigado pela aula, estou aprendendo muita coisa. Acho que está me ajudando bastante.

A consultora sorriu e disse:

– Eu é que agradeço pelo feedback positivo. Meu balde também se esvazia de vez em quando. A propósito, como anda o nível do balde de sua esposa?

– Como sabe que sou casado? – perguntou Scott, surpreso.

– Pela aliança em seu dedo – respondeu a consultora.

Scott olhou para a aliança e começou a girá-la com os dedos da mão direita.

– Você não deixa escapar nenhum detalhe, não é?

Percebendo uma certa angústia na voz dele, a consultora explicou:

– Tem um dizer que eu adoro: "Os líderes que são eficazes no trabalho em geral são eficazes primeiro em casa." Você tem enfrentado problemas no trabalho, então é fácil supor que venha passando pelas mesmas dificuldades em casa. Também vou arriscar outro palpite: as causas devem ser parecidas.

Em alguns segundos passaram pela cabeça de Scott várias imagens dolorosas da esposa e dos filhos. Mas sua expressão dizia: "Ainda não estou preparado para discutir este assunto."

Ao perceber que aquela conversa deveria se dar em outro momento, a consultora completou:

– Antes de falarmos sobre isso, que tal dar uma enchida no balde de sua esposa? Isso vai encurtar consideravelmente nossa discussão e com certeza terá um impacto positivo em Jerry também.

– Como Jerry poderá ser influenciado pela minha iniciativa de encher o balde de minha mulher? – perguntou Scott.

– Experimente fazer o que estou dizendo. Acho que você vai se surpreender com o que pode acontecer quando melhorar o feedback em uma área de sua vida – respondeu a consultora.

– Preciso pensar no assunto – disse Scott.

CAPÍTULO 4

Tipos de feedback

De: scott@umaempresa.com
Para: consultora@firmadeconsultoria.com
Assunto: Boas e más notícias

Tenho certeza de que não mencionei isto antes, mas eu e minha esposa temos dois filhos: uma menina de 10 anos e um menino de 6. Você tem razão: as coisas não andam nada bem lá em casa. Por isso, resolvi dar mais atenção ao meu filho, pois seu balde estava claramente vazio. Sentei com ele uma noite depois do jantar e falei sobre as coisas que me agradam nele. Disse que gosto da disposição com que ele corre atrás da bola quando joga futebol e da forma como me ajuda a limpar o carro, disse também que aprecio seu senso de humor e seu sorriso. Fiz apenas esses comentários simples, mas foi incrível o modo como ele reagiu! Levei uns dois minutos para colocar alguma coisa em seu balde, mas ele grudou em mim pelo resto da noite. Na hora de dormir, ele quis que eu lesse uma história. Esse privilégio tem sido da minha esposa desde quando ele era bebê, mas ele quis ouvir uma história contada por mim. Foi uma reação surpreendente. Me senti muito bem ao vê-lo reagir daquele jeito.

Não tive tanta sorte com minha esposa. É possível que o balde de uma pessoa esteja tão cheio de furos que não dê para colocar nada dentro dele? Tentei encher seu balde, exatamente como você disse, mas nada funcionou. Tentei por dois dias e acabei desistindo. A única coisa que ela parece ter notado é que nosso filho pediu que eu lesse uma história para ele. Você teria alguma sugestão?

Estou experimentando com o Jerry também o outro "dever de casa" que você passou. Mas vou deixar para contar os detalhes no nosso próximo encontro.

De: consultora@firmadeconsultoria.com
Para: scott@umaempresa.com
Assunto: As notícias

Obrigada pelo e-mail. Fiquei feliz ao saber o que aconteceu com seu filho. Uma criança de 6 anos pode ser muito divertida. Nunca me surpreendo com a rapidez com que algumas pessoas reagem quando enchemos seus baldes. Seu filho deve ser do tipo que responde imediatamente ao feedback, por isso um pequeno esforço positivo de sua parte trouxe um ganho evidente. Continue assim! No entanto, lembre que o menino precisará de depósitos regulares por um bom tempo para compensar sua ausência ao longo dos últimos anos.

A reação de sua esposa também não me surpreende. Dependendo de há quanto tempo vocês têm enfrentado problemas, pode demorar um pouco para você conseguir consertar os estragos. Seja honesto, verdadeiro e direto. Não exagere nos elogios nem seja econômico. Fique atento às oportunidades que surgirem para colocar alguma coisa no balde dela e não se aborreça caso não perceba nenhuma reação como a que ocorreu com seu filho. O importante é reforçar as coisas de que você gosta nela. O feedback positivo é uma ferramenta poderosa, capaz de curar feridas profundas, mas em alguns casos pode levar um tempo até que ele comece a fazer efeito.

Continue o trabalho com o Jerry. Quero saber sobre seus avanços na nossa próxima sessão.

Mais uma sessão de treinamento

Uma semana depois, o grupo se reuniu novamente com a consultora. O diretor ficou feliz ao ver que todos haviam chegado antes do horário, ávidos por aprender a lidar com as outras pessoas de forma mais eficaz. Ele estava satisfeito, pois este grupo de gerentes era bastante exigente em relação a qualquer programa de treinamento que parecesse uma perda de tempo. Para ele, essa atitude era uma decorrência do que acontecera dois anos antes, quando a empresa reduzira o quadro geral de funcionários em um processo no qual somente os "mais talentosos" sobreviveram às demissões. Todos os gerentes ali trabalhavam duro e além do expediente para alcançar – e, se possível, superar – suas metas. Essa era a razão por que eles eram tão críticos com relação a qualquer coisa que os fizesse perder tempo.

A consultora deu início ao treinamento:

– Vimos em nosso último encontro como o feedback que recebemos vai para dentro de nosso balde de feedback. As equipes explicaram como surgem os furos no balde e também apontaram algumas maneiras de tapar esses buracos. Espero que todos tenham tido uma chance de refletir sobre o que discutimos naquela ocasião. Hoje analisaremos quatro tipos de feedback.

A consultora se aproximou do quadro e retirou um papel que estava fixado com fita adesiva. Com isso, revelou um círculo feito de material plastificado, no qual estavam representados quatro tipos de feedback. No centro havia a ilustração de um balde.

– O balde está localizado no centro do círculo porque é para lá que escoa todo feedback, positivo ou negativo. As pessoas normais obviamente preferem receber retorno positivo, mas quando seu balde está vazio, elas aceitam até mesmo o negativo. A razão é simples: o sofrimento emocional gerado por um balde vazio é maior do que o desconforto de receber um feedback negativo.

Apontando agora para as inscrições nas bordas do círculo, ela explicou:

– Os quatro tipos de feedback são: positivo, corretivo, insignificante e ofensivo. Mais tarde, vamos discutir cada um deles e nos aprofundar sobre os mais importantes, mas agora vou fazer uma rápida introdução.

Figura 4-1. Os quatro tipos de feedback

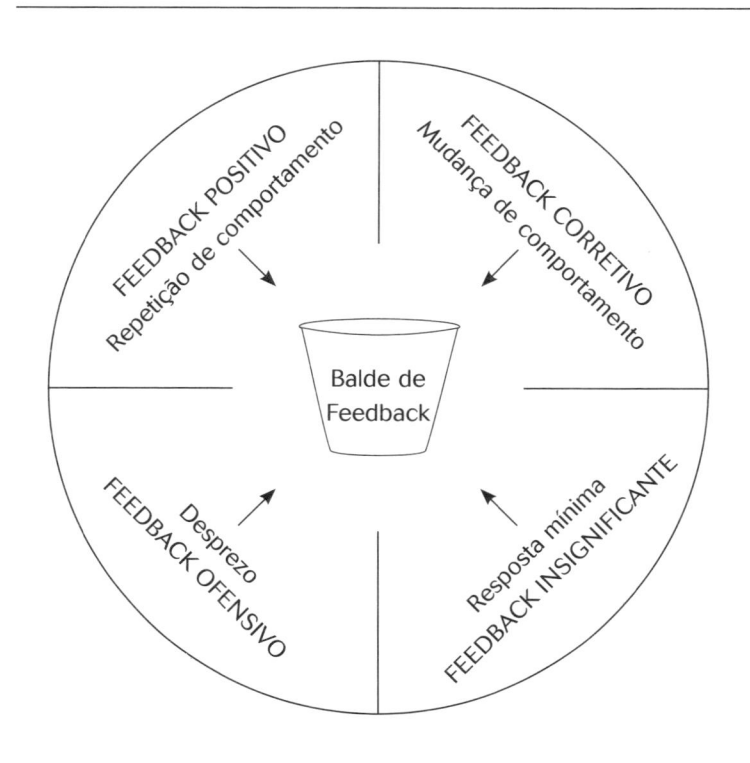

Apontando para FEEDBACK POSITIVO, ela continuou:

– A função básica do feedback positivo é reforçar um comportamento que desejamos que se repita. Ou seja, quando alguém realiza algo que nos agrada, é importante fazer um depósito bem forte e positivo no balde de feedback dessa pessoa. Se esse reforço não for dado, é possível que o comportamento não venha a se repetir.

Em seguida, apontou para FEEDBACK CORRETIVO e disse:

– O objetivo aqui é modificar um comportamento. Colocando de maneira simples, se o comportamento de uma pessoa precisa mudar, a melhor chance de fazer com que isso aconteça é dando um feedback corretivo. O problema é que a maioria das pessoas se confunde e acaba descambando para o feedback ofensivo. Sem o devido treino, muitos não conseguem dar um feedback corretivo de maneira eficaz, e, honestamente, isso é mesmo um desafio.

A consultora passou, então, para o próximo item, FEEDBACK INSIGNIFICANTE:

– Trata-se de um feedback tão vago ou genérico que a pessoa que o recebe não tem certeza de seu propósito. Muita gente usa esse tipo de feedback acreditando que causará um enorme efeito positivo. Na verdade, não é o que acontece. Ele gera uma resposta mínima por parte da outra pessoa. Sem importância ou impacto em comparação com os outros tipos, esse feedback faz jus ao nome de insignificante.

Para completar, ela apontou para o FEEDBACK OFENSIVO:

– Todos os outros tipos de feedback se encaixam nesta quarta categoria.

A consultora fez uma pausa, deu uma olhada na turma e continuou:

– Ou seja, o feedback que damos aos outros em nossas relações pode ser positivo, corretivo, insignificante ou ofensivo. E o tipo de feedback que escolhemos determina a resposta que obtemos.

Várias pessoas na sala trocaram olhares. A consultora usou o silêncio para reforçar o que acreditava ser um ponto fundamental em sua apresentação. Os gerentes estavam apreensivos. Afinal, se o que ela havia dito era verdade, então eles podiam ser culpados de dar feedback ofensivo. Aquele pensamento deixou alguns dos gerentes particularmente preocupados.

Quando parecia que ninguém quebraria o silêncio, um dos participantes levantou o braço.

– De acordo com o que você disse, quando fico chateado com alguém e aviso que, "se não seguir as normas, cairá fora", estou ofendendo essa pessoa?

A consultora se aproximou e perguntou:

– Quando diz a um funcionário que, "se não seguir as normas, cairá fora", você está valorizando um comportamento que deseja que se repita ou tentando corrigir um comportamento específico que gostaria de mudar?

Percebendo que havia cometido uma gafe, o gerente continuou cautelosamente:

– Bem, minha intenção seria de corrigir algo que não estivesse funcionando bem. Por isso, eu diria... bem, para ser honesto, eu disse o seguinte: "Você tem que mudar ou serei obrigado a tomar uma decisão difícil."

– Me parece que você está tentando modificar um comportamento com feedback corretivo.

– Acho que sim.

– Na sua opinião, dizer para alguém "Faça assim ou é o seu fim" é uma tentativa de corrigir um comportamento?

– Lançar um desafio, às vezes, é tudo o que nos resta a fazer, depois de tentar todos os recursos possíveis, não é verdade?

A consultora olhou para a turma e disse:

– Alguns podem ficar surpresos ao me ver concordando com essa afirmação. Mas ela só é válida se tivermos de fato esgotado todas as possibilidades. Quando a situação justifica, é necessário estabelecer limites, *limites rígidos*. Caso contrário, as consequências podem ser muito graves no futuro. Mas gostaria de deixar essa discussão para outra sessão.

Um balde cheio de furos de balas

A consultora fez a pergunta diretamente a Scott:

– Scott, quando você nos contou sobre um de seus funcionários, disse que havia "descarregado uma metralhadora em seu balde". Como tarefa, sugeri que você fizesse um esforço especial para encher o balde do Jerry. Que tal nos contar o que aconteceu e como estão as coisas?

Algumas semanas antes, Scott se sentiria desconfortável para falar, na frente dos outros gerentes, de seus problemas com um funcionário, mas seu nível de confiança no grupo aumentara a tal ponto que ele estava disposto a ser honesto. Então, ele disse:

– Acho que todos conhecem o Jerry. Ele é um dos representantes comerciais mais importantes da empresa e trabalha aqui há mais ou menos seis ou sete anos. Por muito tempo ele foi o melhor profissional da minha equipe, mostrando um alto nível de produção. Suas vendas eram altas, assim como os lucros que conseguia para a companhia. E o melhor é que praticamente não tinha nenhum problema com os clientes. Se existir um livro sobre como manter seus principais clientes satisfeitos, certamente foi Jerry quem o escreveu. Era o funcionário perfeito!

Scott ficou um pouco pensativo, mas seguiu adiante:

– O problema foi como lidei com esse funcionário perfeito. Quanto melhor ele se tornava, mais eu o ignorava. Na época, parecia uma boa ideia dar a liberdade que pensei que ele quisesse, mas acabei criando um problema porque, ao deixá-lo trabalhando por conta própria, suprimi um nutriente essencial para ele: o feedback. As coisas não aconteceram da noite para o dia, foram graduais. Mas há pouco menos de um ano o desempenho de Jerry começou a mudar e, no curso dos últimos meses, seus números despencaram. É preciso deixar claro que eu tinha outros dois funcionários que mostravam sérios problemas de produtividade, o que me fazia passar muito tempo com eles. Como parecia que Jerry não precisava de muita atenção, fiz o que acreditava ser o correto.

– Fale mais sobre o comportamento do Jerry durante o período em que seu desempenho caiu.

– A princípio, não aconteceu nada. Mas, hoje, quando analiso a situação, lembro que por diversas vezes ele veio me procurar, fazendo perguntas muito simples a respeito de um cliente. Não recordo exatamente qual foi a minha reação, mas tenho certeza de que lhe dei uma bronca.

– Agora que você aprendeu sobre a importância do feedback, o que acha que estava por trás daquelas perguntas?

– Acho que as perguntas que ele fez não tinham nada a ver com os clientes. Não tenho dúvida de que ele sabia as respostas. Estava tentando me dizer: "Preciso de atenção, você está me ignorando." Usando uma frase que aprendi nestes encontros, Jerry estava pedindo: "Encha meu balde!"

A consultora olhou para a turma e disse:

– Acabamos de aprender um princípio importante. Vamos ver se estamos sintonizados no mesmo canal: quais foram os sinais de aviso que Scott gostaria de ter reconhecido no Jerry?

– Tenha cuidado com as pessoas que fazem perguntas que não são de fato perguntas. Elas podem ser, na verdade, um pedido de atenção – respondeu um dos gerentes.

Um outro gerente complementou:

– Há mais uma coisa que não devemos esquecer. Se não distribuirmos o feedback entre os funcionários de forma equilibrada, podemos acabar tendo um problema semelhante ao que Scott está enfrentando com Jerry.

– Os dois comentários me agradam – disse a consultora. – Scott, esses sinais de aviso foram dados antes, durante ou depois de você parar de dar feedback ao Jerry?

– Não tenho certeza, mas acredito que em todos os estágios, porque na verdade eu nunca dei feedback suficiente para ele. Acho que seus pedidos de ajuda começaram quando o nível de seu balde ficou um pouco baixo e continuaram até há bem pouco tempo, quando voltei a lhe dar mais atenção.

– Vamos conversar sobre essas últimas semanas em um minuto. Antes, gostaria de ver se estamos todos acompanhando o processo. O desempenho do Jerry caiu logo depois que você parou de dar feedback?

– Talvez algumas semanas ou um mês depois, não mais do que isso – respondeu Scott.

A consultora sorriu e continuou:

– Obrigada por sua avaliação, Scott. Não é fácil desabafar na frente dos outros como você acaba de fazer. Nas duas últimas semanas, depois de identificar a possível causa do problema, o que você fez para melhorar a situação?

– Gostaria de dizer uma coisa antes. Foi durante os dois primeiros encontros deste treinamento que percebi o que estava acontecendo. No início, eu não queria aceitar. Parecia impossível que eu fosse o culpado pelo mau desempenho de uma outra pessoa. Mas, à medida que fomos aprofundando a discussão a respeito da importância do feedback, minha responsabilidade ficou cada vez mais evidente.

– Bem observado, Scott. Que tal agora nos contar como as coisas têm evoluído?

– Tenho tentado passar pelo menos uns cinco ou dez minutos a cada dia com o Jerry. É difícil, levando em consideração minha agenda carregada, mas tenho conseguido ficar com ele, às vezes, até 20 minutos.

– Como ele tem reagido? – quis saber a consultora.

Todos na sala estavam prestando atenção.

– Suspeito que no início ele tenha desconfiado que eu estivesse procurando algum erro que pudesse usar como desculpa para demiti-lo. Como mudei totalmente de estilo, ele imaginou o pior.

– Será que essa atitude negativa do Jerry tem alguma coisa a ver com falta de confiança?

– Provavelmente, sim – admitiu Scott.

– Quando deixamos de dar feedback numa relação, o que acontece com a confiança entre as pessoas?

– Pelo que tenho visto, ela deixa de existir.

– Exatamente. Como estão as coisas agora? – continuou a consultora.

– Levou algum tempo, mas parece que ele começou a se abrir um pouco na última semana.

A consultora foi até o quadro e escreveu *Confiança* no lado direito. Depois virou para a turma e perguntou:

– Vamos explorar o que acabamos de aprender. O que é necessário para que uma pessoa possa confiar na outra?

Os gerentes ficaram em silêncio enquanto pensavam em uma resposta. Certamente, aquela não era uma pergunta fácil de se responder. Finalmente, uma participante rompeu o silêncio e disse:

– Para que se estabeleça uma relação de confiança entre duas pessoas, elas têm que, primeiro, se conhecer e se compreender, pelo menos até certo ponto, não é mesmo?

– Com toda certeza! A compreensão deve vir antes – respondeu a consultora.

Antes de continuar com a explicação, ela escreveu a palavra *Compreensão* no quadro, deixando um espaço à esquerda e outro entre *Compreensão* e *Confiança*.

– A compreensão de fato precede a confiança. Porém, há uma coisa que vem antes da compreensão e outra que ocorre entre a compreensão e a confiança. Trata-se de um processo de quatro estágios que precisa ser bem entendido para que possamos desenvolver relações produtivas. Então, quais são os outros dois elementos que estão faltando?

Desta vez, um silêncio inquietante tomou conta da sala. Dava para perceber que os gerentes não tinham a menor ideia do que a consultora estava falando. Depois de algum tempo, ela prosseguiu:

– Muitas das pessoas reunidas hoje aqui talvez nunca tenham parado para pensar sobre o que leva seus funcionários a confiar nelas. É uma coisa que todos nós gostaríamos de ter e que acreditamos ser capaz de fazer tudo funcionar melhor. O presidente da fábrica daquela história que contei sabia que não tinha isso, mas não sabia por quê.

A consultora olhou novamente para o quadro e insistiu:

– Bem... já sabemos que alguma coisa acontece antes da compreensão. O que seria?

– As pessoas têm que falar primeiro, não é? – arriscou a mesma participante, com uma expressão de ansiedade estampada no rosto.

A consultora foi até o quadro e escreveu *Comunicação* à esquerda de *Compreensão*.

– Antes de tudo, é preciso que haja algum tipo de comunicação. As pessoas precisam se relacionar umas com as outras. Sem uma comunicação eficiente, não haverá compreensão nem, consequentemente, confiança.

Apontando para o espaço entre *Compreensão* e *Confiança*, ela disse:

– Agora, só falta um dos quatro elementos. O que acontece em um relacionamento depois que se estabelece a compreensão? Qual o passo seguinte para se ter confiança em alguém?

– Respeito! Só confio em uma pessoa se tiver motivos para respeitá-la – disparou a mesma gerente, entusiasmada.

A consultora sorriu ao preencher o espaço em branco com a palavra *Respeito*. Acrescentou, então, três sinais de igual para completar o modelo que havia desenhado e resumiu o conceito que haviam criado:

– Eu já havia comentado que demorou vários meses para que aquele presidente da fábrica ganhasse a confiança de seus funcionários. A razão é simples. Antes que pudessem confiar nele, precisavam respeitá-lo. Antes de ter respeito por ele, tinham que compreender sua liderança. Antes disso, era necessário que ele estabelecesse uma comunicação efetiva com todos. Então, o processo começou com o investimento num estilo de comunicação mais eficiente e terminou com um incrível aumento dos níveis de confiança dentro da fábrica.

A consultora caminhou em direção aos gerentes e concluiu:

– Oferecer feedback eficiente é uma das técnicas mais poderosas de comunicação. Quando melhoramos nossas habilidades de feedback, estabelecemos um processo de compreensão, respeito e confiança em uma relação. É esse o poder que esses conceitos têm.

Figura 4-2. Desenvolvendo respeito e confiança

Comunicação = Compreensão = Respeito = Confiança

Três etapas para Scott

A consultora olhou com atenção para Scott e percebeu que ele estava preparado para passar a um estágio mais avançado:

– Scott, qual é a próxima coisa que você deveria fazer para melhorar a relação de confiança entre você e o Jerry?

– Acho que preciso continuar oferecendo feedback.

Scott olhou em volta e percebeu pela expressão dos colegas que aquilo não era o suficiente – estava faltando alguma coisa.

– Você acha que há algo mais que eu deva fazer? – perguntou à consultora.

– Você poderia continuar aumentando a quantidade de feedback positivo, mas acredito que Jerry tem o direito de saber como você se sente a respeito do que aconteceu. Você admitiu que deveria ter gerenciado a situação de outra forma. Está claro que ele merece saber como você pretende agir no futuro. Se o que estou dizendo estiver correto, qual seria o próximo passo para avançar ainda mais na sua relação com Jerry?

Scott fez uma pausa, sem saber exatamente aonde a consultora queria chegar. Antes que ele respondesse, o diretor se intrometeu:

– Não sei muito bem aonde você quer chegar com essa pergunta, mas de repente me passou pela cabeça que Jerry talvez mereça um pedido de desculpas.

Surpresa, a consultora perguntou:

– Um pedido de desculpas... O que você acha, Scott?

– Caramba! Isso vai além do que eu tinha em mente. Vou ter que refletir sobre o assunto.

Scott deu uma olhada em suas anotações e começou a escrever alguma coisa, depois riscou tudo e balançou a cabeça. Estava claro que ele se sentia desconfortável diante da possibilidade de admitir seu erro para um funcionário. Scott se lembrou, de repente, de um comentário que sua esposa fizera há alguns anos sobre como seu orgulho o impedia de admitir seus erros. Ele ficou imaginando se era esse o caso agora.

A consultora percebeu sua indecisão e optou por uma abordagem mais cautelosa:

– Que tal pensar na melhoria da sua relação com o Jerry como uma meta a ser atingida em três etapas? Você já parou com o feedback crítico e intensificou o feedback positivo. Essas são as duas primeiras etapas. Como você acha que deve ser a terceira?

– Aposto que você vai sugerir um pedido de desculpas.

– De fato, essa é a terceira etapa, mas cabe a você decidir. Às vezes, a melhor forma de possibilitar um novo começo é admitir os erros do passado e ir em frente, com comportamentos mais produtivos. É provável que um pedido de desculpas ajude, mas a decisão é sua. Pense nisso.

– Não estou dizendo que não seja uma boa ideia. É uma boa sugestão. Eu só preciso pensar um pouco no assunto.

– Tudo bem.

Por um lado, Scott estava gostando de estar no centro das atenções durante aquele treinamento, mas, por outro, se sentia desconfortável com tudo aquilo. Ele não era o tipo de pessoa que se sentia à vontade com tanta visibilidade, embora gostasse de ser reconhecido por suas realizações, especialmente quando fazia por merecer. Também estava disposto a aceitar as consequências dos raros erros que cometera ao longo da carreira. Porém, sentia-se um pouco confuso sobre qual seria o passo seguinte com o Jerry.

Antes de voltar para sua sala e começar a organizar as atividades do dia, Scott soube o que tinha que fazer assim que ouviu o comentário de um colega do treinamento:

– Vou ficar curioso para saber como foi sua reunião com o Jerry. Boa sorte!

CAPÍTULO 5

O brilho ofuscante do óbvio

A última sessão de treinamento terminou com um desafio. Era óbvio que todos os participantes estavam interessados na história de Scott e Jerry. A maioria dos gerentes conhecia Jerry, ou pelo menos sabia quem ele era dentro da organização, o que fazia com que todos tivessem algum tipo de envolvimento com o problema, pessoal ou profissionalmente. Embora não admitissem em público, vários dos participantes do treinamento já haviam cometido deslizes semelhantes ao de Scott e por isso estavam tão interessados em saber como a situação se desenrolaria.

Durante os dias que se seguiram, Scott recebeu apoio e encorajamento dos amigos mais próximos. Uma gerente mandou um e-mail dizendo que tinha ficado admirada com o fato de Scott reconhecer seu erro de maneira franca: "Não sei se eu teria falado abertamente para um grupo tão competitivo. Não estamos acostumados a ouvir alguém admitir suas fraquezas. Admiro sua coragem ao ser tão honesto."

Scott mandou uma resposta de agradecimento: "Você tem razão. Nosso grupo é bastante competitivo, mas não considero isso ruim. Nossa competitividade fortalece a empresa. O que me incomoda no caso do Jerry é que eu tenha sido responsável pela perda de foco e motivação de um dos nossos melhores funcionários. Por isso, acho fundamental usar o que estamos aprendendo no treinamento para ajudar o Jerry a voltar aos trilhos. Pelo que vi até agora, parece que tudo está caminhando bem. Obrigado por seu apoio e encorajamento."

Conversa de corredor

Um colega com quem Scott trabalhava diretamente ficara impressionado com a história de Jerry. Um dia depois da última sessão de treinamento, ele parou Scott no corredor e perguntou:

– Você realmente não percebeu que o problema com o Jerry fosse acontecer ou a situação foi se agravando aos poucos?

Scott estava em dúvida sobre como reagir àquela pergunta. O que estava por trás dela? O gerente podia estar insinuando algo como: "Você estava tão cego que não conseguiu ver o que estava acontecendo? Não sabia que se ignorasse um funcionário ele poderia reagir mal?" Ou, então, podia estar fazendo uma pergunta inocente: "O desempenho do Jerry foi piorando gradualmente ou despencou da noite para o dia?"

A primeira coisa que passou pela cabeça de Scott foi que, se alguém tivesse feito aquela pergunta um mês antes, provavelmente teria recebido uma resposta defensiva. Agora, ele conseguia perceber que, durante algum tempo, estivera sob enorme tensão por não saber como lidar com as pressões que enfrentava tanto no trabalho quanto em casa.

Scott preferiu acreditar que o amigo estava bem-intencionado:

– Sei que deveria ter percebido o que estava acontecendo. Não me conformo por não ter visto a relação entre a falta de feedback apropriado e os problemas de desempenho de Jerry. Quando tudo começou, simplesmente dei ênfase ao que ele estava fazendo de errado e deixando de realizar. Quanto mais eu fazia isso, pior ele ficava, o que me obrigava a focar ainda mais no lado negativo. Era um círculo vicioso: quanto mais eu enfatizava seus erros, mais seu desempenho despencava, e, por tabela, eu reforçava ainda mais o que não estava dando certo. Respondendo à sua pergunta: não, eu não esperava que as coisas fossem terminar assim.

Temendo que tivesse forçado a barra com aquela conversa, o outro gerente colocou a mão no ombro de Scott e disse:

– Espero que você não ache que eu esteja fazendo críticas. Não é nada disso. É que eu cometi o mesmo erro, não com o meu melhor funcionário, mas com a minha esposa. Para ser mais preciso, minha ex-esposa.

Hesitante, o gerente olhou para o fundo do corredor como se estivesse buscando uma forma de mudar de assunto. Ao ver a tristeza estampada no rosto do amigo, Scott disse:

– Eu sabia que você estava enfrentando problemas em casa, mas não sabia o que tinha acontecido de fato.

O gerente continuou:

– Algumas das coisas sobre as quais conversamos nas últimas semanas me atingiram em cheio. O que você acabou de dizer sobre enfatizar o lado negativo... foi isso que eu fiz com a minha ex-mulher. É muito duro admitir, mas a verdade é que eu passei 14 anos apontando as coisas erradas que achava que ela fazia. E o pior é que eu era ofensivo. Fui completamente incapaz de reconhecer todas as coisas bacanas que ela fazia pelo nosso filho e por mim. Sabe aquele negócio que você mencionou sobre focalizar os aspectos negativos? Agora entendo que minha ênfase no feedback negativo nos lançou num círculo vicioso que levou ao divórcio. Ela e dois terapeutas de casais tentaram me mostrar o que eu estava fazendo, mas não consegui enxergar. Hoje me pergunto se na época eu não queria mesmo ver o que estava acontecendo. É por isso que tenho um interesse pessoal no que você está fazendo com o Jerry. Acho que já passei por essa situação, só que em um nível diferente.

Scott podia ver que o amigo ainda estava sofrendo muito com o divórcio. Ele também percebeu que o colega tinha uma razão pessoal para torcer por ele naquela questão do Jerry.

– Não tenho sido o melhor gerente, marido ou pai. Venho cometendo os mesmos erros no trabalho e em casa. Sinto muito pelo que aconteceu com você. Sei que tem um filho de mais ou menos 10 anos, certo? Como ele está? – perguntou Scott.

– Ele já tem quase 12 e vive de um lado para o outro, entre a minha casa e a casa da mãe, que agora se casou com um antigo namorado da escola, o que significa que ele tem um padrasto. Não é a maneira ideal de se criar um filho. Acho que essa confusão não teria acontecido se eu tivesse parado com as críticas e dado mais feedback positivo à minha mulher. Quer dizer, minha ex-mulher.

– Sinto muito. Talvez o que estamos aprendendo sobre feedback possa ajudar um pouco – sugeriu Scott.

– Infelizmente é tarde demais para consertar os problemas com minha ex-mulher, mas tenho que dar atenção ao meu filho, pois não quero que ele se afaste também.

Scott ficou imaginando o que aconteceria com sua vida se não resolvesse os problemas em casa. O sofrimento do amigo fez com que ele percebesse que não desejava seguir o caminho do divórcio.

Os dois encerraram a conversa oferecendo apoio e encorajamento mútuos. Mas Scott não conseguiu esquecer a expressão no rosto do amigo ao descrever o que acreditava ter provocado seu divórcio. Ele se lembrou de uma coisa que um antigo chefe lhe dissera há algum tempo, quando Scott havia descoberto algo que estava bem na frente do seu nariz. O chefe falara sobre "o brilho ofuscante do óbvio". E era exatamente isso que o amigo de Scott tinha acabado de sentir. Na verdade, o próprio Scott experimentara a mesma sensação na última reunião.

Nada como um bom almoço

No dia seguinte, Scott estava esperando por Jerry no restaurante.

– Jerry, aqui! – acenou ele, mostrando a mesa que havia reservado para os dois.

Scott convidara Jerry para almoçar no mesmo local em que costumava levar alguns clientes. O restaurante era muito popular entre os executivos e famoso pela eficiência no atendimento e pela ótima comida. Ele tinha reservado uma mesa que oferecia a privacidade necessária para aquele tipo de conversa que precisava ter com Jerry. Eram 11h30 e o restaurante ainda estava meio vazio.

– Obrigado por vir, Jerry. Eu queria escapar do corre-corre e das interrupções do escritório, daí pensei que um almoço fosse uma boa ideia.

Jerry balançou a cabeça, concordando, mas por dentro estava apreensivo. Ele sabia que o chefe levava os clientes para almoços, mas ele nunca fora chamado. Jerry estava nervoso com aquele encontro. Afinal, convidar um funcionário para almoçar não era do feitio de Scott, que estava longe de ser o tipo de gerente sociável com os funcionários.

Há pouco tempo Jerry estava preocupado com a possibilidade de ser demitido. Nas últimas semanas, porém, Scott mudara visivelmente sua maneira de tratar os funcionários. E Jerry não tinha certeza de qual Scott estaria no restaurante: o velho Scott, que parecia sentir prazer em criticar qualquer falha, ou o novo, que parecia se interessar pelas pessoas que trabalhavam com ele.

– Já comeu aqui antes? – perguntou Scott. – É muito bom.

– Nem sabia da existência deste lugar, mas está bem cheio para o horário – respondeu Jerry.

O encontro no restaurante tinha sido cuidadosamente planejado por Scott. Ele se inspirara num instrutor de um curso de nível gerencial que fizera há alguns anos. "Nada como um bom almoço!", ele costumava dizer. E defendia que o almoço propicia o clima ideal quando se precisa ter uma conversa importante, mas se deseja deixar a outra pessoa à vontade. Segundo o instrutor, as refeições criam uma atmosfera de informalidade, fazendo com que as pessoas fiquem mais propensas a escutar e ajam de maneira menos defensiva. Por isso, Scott marcara aquele encontro em um restaurante, na esperança de fazer do almoço um aliado e de deixar Jerry à vontade.

Scott tinha ensaiado a conversa inúmeras vezes, mas não sabia por onde começar. Nas últimas semanas, ele tentara reduzir a carga de críticas e reforçar os pontos positivos de Jerry. Até aquele momento, parecia que sua estratégia estava dando certo. Agora, chegara o momento de se desculpar pelo que fizera e estabelecer uma relação de trabalho de melhor qualidade.

Depois que os dois fizeram os pedidos, Scott resolveu ser o mais direto possível, já que não conseguia imaginar nenhuma outra maneira de começar aquela conversa:

– Jerry, preciso falar uma coisa muito importante. Sei que não tenho sido um bom supervisor nem para você nem para as outras pessoas da nossa equipe. Tenho exagerado nas críticas, nunca estou disponível e não lhe dei atenção em alguns momentos em que você precisou da minha ajuda. Quero dizer que eu tenho consciência do que fiz e estou trabalhando duro para ser um líder melhor.

Jerry continuou olhando para o cardápio que ainda estava em suas mãos. Estava com dificuldade de encarar Scott e não sabia exatamente o que dizer, embora concordasse plenamente com tudo o que acabara de ouvir. Ele pensou um pouco e disse:

– Isso vai ser muito bom para todos.

O silêncio embaraçoso foi quebrado por Scott:

– O que tem passado pela sua cabeça nos últimos meses?

Sem saber o quanto deveria se abrir naquele momento, Jerry encolheu os ombros e disse:

– Sei que decepcionei você e que meus números despencaram. Mas não acho que a empresa tenha facilitado a minha vida nem levado em consideração uma série de coisas que eu não posso controlar.

Jerry tinha usado a palavra *empresa*, mas Scott sabia o que ele realmente queria dizer: *Scott* não havia facilitado sua vida. Percebendo que aquela conversa podia ter um efeito contrário ao que desejava, Scott fez um esforço para manter uma postura positiva e estimular Jerry a continuar falando. Utilizando técnicas que aprendera em cursos anteriores, mas que não vinha usando nos últimos tempos, Scott disse:

– Fale sobre as coisas que estão fora do seu controle.

– Em primeiro lugar, sempre que renovamos nossa linha de produtos há uma queda nas vendas até que a nova linha se estabeleça e os resultados melhorem novamente. Já vi isso acontecer e é exatamente o que está acontecendo agora. As vendas estão fracas porque tiramos de linha alguns produtos importantes e os substituímos. Se formos pacientes, as vendas vão voltar a crescer como antes.

– Então você acha que reagimos de forma exagerada.

– Acho. Temos que ser pacientes. Da última vez que isso aconteceu, as vendas se regularizaram em seis meses. Estamos completando seis meses desde que mudamos os produtos; então, se não entrarmos em pânico, as vendas da nova linha vão pegar ritmo rapidamente e tudo ficará bem. Na verdade, já consigo ver a luz no fim do túnel.

– E se não formos pacientes? – perguntou Scott.

Sem saber até onde poderia avançar, Jerry continuou:

– Acho que colocar muita pressão sobre os representantes comerciais neste momento significa pressionar nossos clientes na mesma medida. E, se eles não gostarem de ser pressionados a comprar a nova linha antes de estarem convencidos de seu valor, teremos sérios problemas no final do ano.

– Que tipo de problemas? – indagou Scott.

– É difícil dizer, mas, no mínimo, uma perda de 20% na nossa participação de mercado.

Scott acabara de ter mais um exemplo do "brilho ofuscante do óbvio". Jerry tinha razão. Ele compreendia melhor o que estava acontecendo no mercado do que Scott. Essa informação era muito útil.

Mas Scott sabia que precisava voltar ao assunto que era o real motivo daquele almoço.

– Bem pensado, Jerry. Acho muito bons os pontos que você levantou. Precisamos continuar esta conversa amanhã. Agora quero retomar o que eu estava dizendo um minuto atrás. O que tem a dizer sobre a pressão que tenho colocado sobre você no último ano?

Jerry tinha a impressão de estar lidando com o novo Scott, mas, como não tinha certeza, preferiu ser cauteloso:

– Tem sido bastante intensa.

– E como essa pressão intensa tem afetado você?

– Você prefere que eu diga o que gostaria de ouvir ou a verdade? – disse Jerry, hesitante. Ao entrar no restaurante, ele prometera a si mesmo que tomaria cuidado para não aborrecer Scott. Será que acabara de quebrar a promessa? Ele estava em dúvida.

– Jerry, preciso da verdade, por favor. É importante que você me diga exatamente o que tem pensado e como tem se sentido.

– Bem, não estou feliz, se é isso o que quer ouvir.

– Para ser um bom líder, acho mais importante ouvir o que *preciso* ouvir do que aquilo que *gostaria* de ouvir. Sei que tenho criticado muito o seu desempenho. Às vezes, acho até que sou sarcástico. E, quando não critico nem sou sarcástico, provavelmente trato seus problemas com indiferença.

Um silêncio desconcertante pairou sobre a mesa. Felizmente o garçom serviu o almoço, e nenhum dos dois falou nada muito substancial durante a refeição. Depois de algum tempo, Scott continuou:

– Sinto muito por ter descontado minhas frustrações em você. É importante que você saiba que tem sido meu melhor funcionário. Quando as vendas estavam fracas, sempre pude contar com você para melhorar o faturamento. Quando mais precisei da sua ajuda, com as mudanças de produto e tudo o mais, reagi da maneira errada. Sinto muito. Espero que aceite meu pedido de desculpas.

Jerry olhou para Scott e repousou o garfo sobre o prato. Depois de limpar a boca com o guardanapo, disse:

– Nunca pensei que se importasse com o que sinto.

– Jerry, apesar da maneira com que o venho tratando, eu me preocupo muito com o que você sente. Me diga: quando foi a última vez que pensou seriamente em sair da empresa?

A resposta foi imediata:

– A última vez? Que tal uma hora atrás, a caminho do restaurante?

De repente, Jerry achou que tinha falado demais. Temia ter passado dos limites.

– Era este o meu medo: que você tivesse considerado a possibilidade de pedir demissão. Me perdoe por não respeitar sua contribuição à empresa, especialmente ao nosso departamento. Precisamos de você, principalmente agora que as vendas estão prestes a estourar com a nova linha. Prometo que vou controlar as críticas e o sarcasmo e vou prestar mais atenção às suas necessidades. Além disso, trocaremos mais ideias, mesmo quando seu desempenho for bom e estiver fazendo as coisas corretamente. E, se houver problemas, você vai ser informado, só que de maneira apropriada.

Jerry acabara de ouvir algo que pensava que jamais ouviria de seu gerente. Não conseguia se lembrar de nenhuma vez em que Scott tivesse pedido desculpas, sobretudo de maneira tão sincera. Ele gostou especialmente da ideia de receber feedback positivo. Era isso que ele mais queria do seu chefe.

– Isso parece ótimo. Vai ser muito bom!

Eles terminaram o almoço com uma conversa a respeito das ideias que Jerry tinha sobre como aumentar as vendas da nova linha de produtos. Scott anotou alguns pontos para que Jerry se sentisse prestigiado enquanto expressava sua opinião.

No caminho de volta ao escritório, Scott refletiu sobre o encontro com Jerry. Pôde perceber com clareza a importância da aplicação dos princípios do feedback. Na verdade, ele quase conseguiu visualizar o depósito substancial que havia feito no balde de Jerry. A sensação era tão boa que ele não resistiu e falou bem alto para quem quisesse ouvir:

– É muito gostoso encher o balde de alguém.

CAPÍTULO 6

O que deve ser reforçado

– Tudo bem? Espero não estar sendo inconveniente. Você tem um minuto? – Scott não queria esperar até o encontro seguinte e a comunicação via e-mail era muito impessoal para discutir o que tinha em mente. Por isso, decidiu ligar.

A consultora se reclinou na cadeira e disse:

– Sem problema. Estou de saída para o aeroporto, mas ainda tenho algum tempo. Como estão indo as atividades sugeridas?

– É por esse motivo que estou ligando. Cheguei à última das três etapas com o Jerry. Como você sabe, eu já havia cortado o feedback ofensivo e começado a dar ênfase às coisas positivas que ele tem feito. Duas semanas atrás, eu o convidei para almoçar e me desculpei pelo que vinha fazendo nos últimos meses.

– Não é fácil pedir desculpas. Muitas pessoas com quem lido no mundo dos negócios são orgulhosas demais para admitir os erros que cometem. Como foi o encontro?

– Falei do quanto ele havia contribuído para a empresa e tentei ser o mais específico possível. Não sei se foi uma boa ideia, mas admiti que errei ao não lhe dar a devida atenção enquanto cuidava de outros problemas. Pedi desculpas pelo que fiz.

– E qual foi a reação dele?

– A princípio, não disse nada, acho que ficou um pouco perplexo. Disse que estava consciente de ter me decepcionado e depois de alguns minutos começou a se abrir.

– Então você aprendeu que o feedback ofensivo pode inibir o fluxo livre de informações. Muitas vezes, informações vitais de que você precisa para tomar decisões.

– Exatamente. Ele me disse coisas que eu jamais saberia caso não tivesse pedido desculpas.

– Como ele tem reagido desde que se encontraram para almoçar?

– É como se alguém tivesse batido na cabeça dele com uma varinha de condão. Se você tivesse me dito que encher o balde de uma pessoa provocaria uma mudança tão incrível, eu diria que você estava maluca. Honestamente, é muito bom para ser verdade.

Scott sabia que estava falando pelos cotovelos, mas era difícil conter a empolgação. A melhoria com Jerry era apenas a primeira das duas boas notícias que ele queria dar.

– Você parece animado. Quer dizer então que a reação dele foi muito positiva...

– E como! Positiva é muito pouco para expressar a mudança que venho testemunhando – explicou Scott.

– Que ótimo, Scott. Fico contente em saber que você seguiu as três etapas direitinho. Você deve estar feliz com esses avanços. E que mudanças você percebeu no Jerry?

– Posso até estar fantasiando, mas juro que dois dias depois que parei com as críticas e com o sarcasmo ele começou a mudar. Foi tão evidente que fico até com vergonha de admitir a rapidez com que isso aconteceu. E os avanços foram ainda mais rápidos quando passei a dar feedback positivo. Por fim, me desculpei e prometi que seria mais cuidadoso e honesto no futuro.

– Essa é uma demonstração de bom caráter, Scott.

– Sei que é importante assumir nossas responsabilidades. Por isso, disse ao Jerry que sentia muito pelo que eu tinha feito.

Ele se abriu e ainda levantou alguns pontos sobre nossa linha de produtos que ninguém mais havia considerado. Como já mencionei, Jerry possui um talento incrível para lidar com os clientes e com os negócios.

Scott havia se acalmado um pouco, mas era evidente que ainda estava exaltado. Pelo telefone, ele não pôde ver o sorriso no rosto da consultora, que disse:

– Existe um princípio empresarial de que a pessoa que está mais perto do problema é provavelmente quem está em melhor condição de propor uma solução prática e eficaz. Acho que você acaba de provar que isso é verdade. E como estão seus outros projetos?

Scott levou um segundo para entender a que outros projetos ela estava se referindo:

– Ah, você está falando dos meus problemas em casa? Algumas novidades são boas, outras nem tanto.

– O que houve?

– Primeiro, vou dar a boa notícia. É com relação à minha esposa. Antes de começarmos o treinamento, eu estava sendo muito crítico com ela, enfatizando o que fazia de errado, exatamente da mesma forma que agia com Jerry. Quanto mais procurava coisas que me desagradavam, mais encontrava. E quanto mais descobria coisas negativas, mais incomodado eu ficava.

– Quando focamos os aspectos negativos, podemos acabar no buraco – completou a consultora.

– Uma outra pessoa já me disse a mesma coisa, e foi isso o que aconteceu comigo. Quanto mais procurava, mais encontrava o que criticar. Porém, tenho feito de tudo para controlar esse olhar crítico e, claro, tento encher o balde da minha esposa sempre que tenho uma oportunidade.

– Lembro que você disse que durante as primeiras semanas ela não demonstrou nenhuma reação.

– Realmente. Mas, lentamente, ela passou a me incluir em sua vida. Não é muito, mas já é um começo. Quero agradecer pelo que, espero, seja uma nova chance para o meu casamento.

As três etapas em casa

– Os agradecimentos são desnecessários, mas certamente bem-vindos. Meu papel é fazer perguntas complicadas. Você é quem fica com a parte difícil, tendo que colocar as ideias em prática. E, por falar em perguntas, o que mais precisa fazer com relação à sua esposa?

– Acho que há muito a fazer para que as coisas funcionem. O que você tem em mente?

– Tem uma coisa que você fez com Jerry que acho apropriado repetir com sua esposa.

– Está falando de um pedido de desculpas, certo?

– O que acha de usar com sua esposa as mesmas etapas que usou com o Jerry?

Scott não sabia se um outro pedido de desculpas seria mais fácil ou mais difícil. Lembrou-se da imagem do colega no corredor. Se o amigo pudesse, voltaria no tempo e faria as coisas de maneira diferente para tentar salvar seu casamento, mas agora era tarde demais. Para Scott, pedir desculpas não era uma coisa simples, mas ele estava disposto a tentar, se aquilo fosse mesmo ajudar. Ele já tinha passado pelas duas primeiras etapas: tinha parado com o feedback crítico e aumentado o positivo. Faltava apenas o pedido de desculpas. A consultora percebeu, pelo silêncio do outro lado da linha, que alguma outra coisa estava incomodando Scott. Sem querer perder a oportunidade, perguntou:

– Alguma coisa está perturbando você. O que é?

– Sei que devo pedir desculpas e é isso que vou fazer. Só preciso ter certeza de que é o momento certo.

Utilizando sua intuição, a consultora insistiu mais um pouco:

– Estou sentindo que não é só isso. Há algum outro problema?

Scott hesitou, mas acabou falando:

– Nos dois últimos meses, consegui melhorar um pouco as coisas com minha mulher, fiz grandes progressos com meu filho e com Jerry. Mas minha filha não está nem aí para mim. Já tentei tudo o que você ensinou, mas nada tem funcionado. Ela está distante, parece até que não escuta o que eu falo. Ela está crescendo e me sinto como um mero observador e não como um pai. Tenho medo de não conseguir melhorar logo nossa relação e um dia, quando menos esperar, descobrir que a perdi para sempre.

– Quer dizer que não existe nenhum problema específico e você tem sido cuidadoso com o feedback?

– Já fiz de tudo. Só ofereço retorno positivo, eliminei o feedback crítico, mas não parece estar dando certo. É como se ela estivesse guardando algum ressentimento, como se tivesse uma bronca comigo. Como tenho obtido ótimos resultados em meus outros projetos, como você os chama, estou muito preocupado. Quero que as coisas melhorem com minha filha também.

– Scott, dê um exemplo do tipo de feedback que tem oferecido à sua filha.

– Hoje de manhã, quando ela estava saindo para pegar o ônibus da escola, eu disse que ela estava linda. Ontem à noite, enquanto ela estava fazendo o dever de casa, comentei que ela era muito esperta. Comentários desse tipo, sabe?

– E qual foi a reação dela às coisas que você disse?

– Nenhuma. Ela não demonstra nenhuma reação e quase vejo um ar de desdém em seu rosto. Acho que é a reação dela que me preocupa.

A mulher ofendida

Para responder à pergunta de Scott, a consultora começou a lhe contar uma experiência que tivera alguns anos atrás:

"Uma mulher participou de uma apresentação que fiz sobre feedback em uma empresa e, quando terminou a sessão, ela ficou onde estava, paralisada na cadeira, enquanto todos os outros se retiravam da sala. Havia uma expressão de perplexidade em seu rosto. Depois que organizei meu material, me aproximei e disse: 'Você parece confusa em relação a alguma coisa.'

Ela não respondeu. Presumi que tivesse ficado ofendida com algo que eu dissera, ou alguma outra coisa a estava incomodando. Esperei mais um pouco e, quando eu estava saindo da sala, ela disse: 'Agora entendo.'

Parei e perguntei: 'O que você entende?'

E ela respondeu: 'Agora entendo o que ele fez comigo.'

Sem fazer a menor ideia do que ela estava falando, eu insisti: 'Alguém lhe fez alguma coisa?'

Levou alguns minutos até que ela começou a contar uma história horrível, difícil de se acreditar. Ela disse que o pai nunca a chamava pelo nome. O tratamento habitual era: 'Venha aqui, sua idiota.' Ou então: 'Faça isto, sua idiota.'"

Scott ouvia interessado, sem entender bem qual a relação entre aquela história e seus problemas com a filha. A consultora continuou:

"Na infância, essa mulher recebeu tanto feedback ofensivo, especialmente do pai, que ela passou a acreditar que era intelectualmente inferior às outras pessoas. Sua convicção de que era uma *idiota* acabou influenciando todos os outros aspectos de sua vida. Consequentemente, ela cresceu com uma enorme sensação de inferioridade intelectual, responsável pela insegurança que tinha no convívio social. Os sentimentos negativos sobre si mesma causaram um grande impacto em todas as esferas de sua vida. Eu percebia claramente os efeitos dos maus-tratos na sua postura, na maneira como ela andava, se vestia e cuidava de si mesma.

Em algum ponto do treinamento, ela começou a entender que, quando recebemos o mesmo feedback de forma repetida, acabamos acreditando que aquilo seja verdade, ainda que não seja. Por causa do poder do pai, ela *acreditou* em suas ofensas. Percebi a extensão da sua dor quando ela perguntou: 'Tem ideia do que significa seu pai chamá-la de idiota na frente de seus amigos?'"

Scott começou a ficar incomodado e resolveu interromper a consultora:

– Você não está querendo dizer que fiz algo parecido com minha filha, está?

– Não, Scott. Não estou dizendo isso. Mas existe um bom princípio que podemos aprender com a história que acabo de contar, e gostaria que você o considerasse com respeito ao feedback que oferece à sua filha. Analisando a relação entre vocês, há três coisas básicas que podem ser reforçadas. A primeira é a aparência. A segunda é o que sua filha faz ou como se comporta. E a terceira trata de quem ela é, da pessoa por trás da aparência externa. Se usar o poder conferido pela sua posição de pai e reforçar mais a aparência, ela crescerá acreditando que deve *ser bonita* para que seja aceita, especialmente pelos homens. E isso ficará obviamente mais difícil à medida que ela for amadurecendo. Caso reforce mais o desempenho, ela crescerá acreditando que deve *fazer coisas* para ser aceita. Dessa forma, ficará obcecada em agradar aos outros. Os dois reforços são bons, se forem realizados em proporções realistas em relação ao terceiro tipo de feedback, que se refere a quem ela é como pessoa. Ou seja, é importante que você diga à sua filha que ela é bonita e que faz coisas boas. Mas é igualmente importante que lhe diga que a ama e a aceita como pessoa. Ela deve acreditar que a pessoa dentro dela é boa e que tem valor para si mesma e para os outros.

Scott entendeu a mensagem por trás da história da consultora:

– Na verdade, ao chamar a filha de "idiota", o pai dessa mulher a agrediu como pessoa, exatamente o ponto que precisava ser mais reforçado com comentários positivos.

– Isso mesmo, Scott. É importante que sua filha saiba que você gosta de sua aparência, de seu comportamento e da pessoa que ela é por dentro. Esses três tipos de feedback de reforço são muito importantes. – A consultora fez uma pausa e perguntou: – Qual dos três você tem usado mais com sua filha?

– Venho reforçando o que ela faz e um pouco de sua aparência. Mas acho que não fiz nada com a terceira categoria. Preciso equilibrar os três tipos de reforço.

– Exatamente. Faça comentários sinceros, não faça elogios só para impressionar. As coisas que você disser devem vir do coração. Faça isso e vamos ver o que acontece.

Scott não queria perder a oportunidade, então perguntou:

– Se preciso fazer esse tipo de coisa com a minha filha, o que devo fazer com relação ao meu filho? Do que ele precisa?

– Não há muita diferença entre o feedback de reforço para garotas e para garotos. Uma possível variação tem mais a ver com interesses e aptidões do que com o sexo. Por exemplo, muitos pais acham que os garotos devem se destacar nos esportes e na escola, por isso canalizam grande parte do feedback para essas áreas. Como resultado, muitos garotos crescem acreditando que *o que fazem* na vida os torna boas pessoas. Não há nada de mau em se fazer coisas boas, mas acho que um garoto precisa crescer sabendo que seu valor como pessoa é resultado tanto de quem ele *é* quanto do que *pode fazer* num campo de futebol ou numa prova de matemática. Não se esqueça: se a sua filha tiver interesse por esportes, é importante oferecer feedback nessa área. Quando as coisas estão ruins e a pressão é muito grande, nossa personalidade é que nos faz ser quem realmente somos. É muito bom que os filhos se comportem de forma adequada, mas o importante mesmo é auxiliar no desenvolvimento do caráter. É isso que os ajudará pelo resto da vida, especialmente quando precisarem tomar decisões por si mesmos.

– É muita informação para digerir de uma só vez – disse Scott. – Acho que já entendi como melhorar minha relação com meus filhos, mas, além de pedir desculpas, o que faço para me aproximar mais da minha esposa? Tem alguma outra coisa que eu deveria fazer?

– Boa pergunta. Que tal oferecer a ela feedback nas mesmas áreas que acabamos de discutir? Os adultos também podem se beneficiar do mesmo tipo de feedback que ajuda as crianças. Agora tenho que pegar um avião. Continue trabalhando em seus projetos e me mantenha informada.

– Farei isso. A propósito, o que aconteceu com a mulher ofendida pelo pai?

– O fim da história é surpreendente, mas não tenho tempo agora para lhe contar. Como não terei nada para fazer no avião, vou lhe escrever um e-mail sobre o que aconteceu.

– Ótimo. Faça uma boa viagem. Muito obrigado por sua ajuda.

– De nada.

CAPÍTULO 7

Reforçando o positivo

De: consultora@firmadeconsultoria.com
Para: scott@umaempresa.com
Assunto: A mulher ofendida

Eu já tinha trabalhado com vítimas de abuso antes, mas aquela foi a primeira vez que conheci uma pessoa que fora severamente maltratada na infância e que, apesar disso, chegara à vida adulta conseguindo funcionar razoavelmente bem em sociedade. Antes de entrar para a empresa onde a conheci, ela dirigia caminhões. Tinha um jeito durão, estava acima do peso e não se cuidava muito, mas seu chefe a descrevia como sua funcionária mais esforçada. Era por isso que ela mantinha o emprego, apesar de sua conduta grosseira e de sua aparência.

Conheci essa mulher durante um treinamento sobre a importância do feedback, e ela descobriu que os comentários do pai constituíam um tipo severo de feedback emocionalmente ofensivo. Foi a primeira vez que ela percebeu que seu desajuste social era uma reação aos insultos sistemáticos do pai. Por isso ela disse "Agora entendo", naquele dia.

Fiquei sabendo depois que, devido à sua aparência dura e atitude áspera, muitos funcionários da empresa a chamavam de "estivadora". Testemunhei pessoalmente a dor que tais comentários causavam. Depois que se abriu comigo, ela confessou que em várias ocasiões havia chorado por causa das brincadeiras dos colegas.

Seu chefe permitiu que nos encontrássemos uma vez por semana por quase um ano, período no qual trabalhei em alguns outros projetos naquela empresa. No princípio, conversamos sobre a relação que ela havia estabelecido entre os insultos do pai e a maneira como se comportava e cuidava da própria aparência. Passamos a refletir sobre o que ela queria da vida e aonde gostaria de chegar. Fiquei impressionada ao descobrir que ela sonhava ser uma mulher de negócios, mas no fundo ela sabia que as promoções estavam fora de cogitação até que conseguisse mudar sua imagem e se portar de maneira mais profissional. Ela era bastante realista sobre a própria condição. Mas foi o seu desejo de melhorar que me permitiu ajudá-la naquele ano. Sem isso, qualquer progresso teria sido insignificante.

Descobri que ela era uma pessoa sensível, honesta, esforçada, fiel e dedicada. Por dentro, era uma pessoa incrível. O problema era que sua aparência e seu comportamento a impediam de mostrar sua verdadeira personalidade. Usei os princípios do feedback para reforçar quem ela era e ofereci feedback corretivo quando apropriado. Ela adorava receber feedback positivo, pois havia recebido muito pouco em sua vida, e se esforçava arduamente para aprender com o feedback corretivo.

O primeiro progresso real que fizemos foi quando ela aceitou que precisava mudar para atingir seus objetivos. Para a maioria de nós, isso pode não parecer uma grande descoberta, mas para ela foi uma enorme quebra de paradigma. Lembro que ela só começou a melhorar depois de uns três ou quatro meses. Aos poucos, percebi pequenas mudanças em sua aparência. Ela perdeu peso, passou a cuidar do cabelo e a vestir roupas mais limpas. A cada melhoria, eu oferecia feedback positivo e reforçava a boa pessoa que ela era por dentro. Quanto mais incentivo eu dava, mais ela mudava.

Cerca de sete ou oito meses depois de nossa primeira sessão, ela enfrentou um sério problema pessoal. Sua avó faleceu, e sua mãe lhe disse que teria que usar um vestido no funeral. Ela não tinha nenhum vestido em seu guarda-roupa, muito menos um que fosse adequado para a ocasião. A situação a deixou envergonhada demais para pedir ajuda à mãe. Nós nos encontramos em um shopping para que eu a ajudasse a escolher uma roupa. Quando saímos da loja, paramos em um stand de cosméticos, onde aceitamos o convite da vendedora para conhecer alguns produtos novos.

Ela se sentiu bem por poder ir ao funeral com uma roupa adequada. Nas semanas seguintes, nós continuamos com nossas sessões. Dois meses depois da morte da avó, algo impressionante aconteceu. Ela foi trabalhar com o vestido que havíamos comprado. Estava usando um pouco de maquiagem e o cabelo estava penteado. Eu estava lá nesse dia e ouvi muitas pessoas dizendo coisas do tipo "Já viu como a 'estivadora' está bonita hoje?". Mesmo depois de superar seus problemas pessoais, a mulher continuava a sofrer com o estigma da antiga imagem. Alguns de seus colegas não estavam dispostos – ou não conseguiam – a esquecer o passado e aceitar a nova pessoa.

O processo de transformação havia sido lento e levara alguns meses. O feedback positivo ajudou a mudar a forma como ela via a si mesma. Assim, ela pôde mudar a imagem que passava para os outros. À medida que sua aparência melhorava, o mesmo acontecia com seu comportamento social. Não é algo difícil de entender: feedback, aparência e comportamento estão ligados pela imagem que temos de nós mesmos. As mudanças em sua autoestima criaram uma espécie de brilho interior que se irradiava em sua expressão facial. Tanto que as pessoas até se viravam para olhar quando ela entrava em uma sala.

Quando analiso a experiência, fica claro que o tratamento

ofensivo do pai havia influenciado todos os aspectos de sua vida. Quando ela optou por não permitir que o passado a fizesse de refém, sua vida mudou completamente. Se existe algum aspecto negativo nessa experiência, é que ela não conseguiu superar a péssima reputação que havia criado entre os colegas de trabalho. Mais tarde, soube que ela acabou se mudando para outro estado e se casou. Também estava indo muito bem no lado profissional.

Moral da história: o feedback positivo pode ter efeitos curativos incríveis. Ele pode ajudar as pessoas a superar grandes obstáculos em suas vidas. Isso acontece porque nosso cérebro é programado para dar preferência às coisas positivas. As pessoas mentalmente saudáveis parecem naturalmente desejar receber feedback positivo. Não se esqueça disso.

A propósito, abordaremos esse assunto em nosso próximo encontro. Você vai estar em vantagem em relação aos seus colegas. Até lá.

Avançando no processo de treinamento

Dois dias depois de enviar o e-mail a Scott, a consultora encontrou o grupo de gerentes para mais uma sessão de treinamento. As reuniões anteriores haviam começado com o pronunciamento do diretor, que fizera alguns comentários ou dera avisos. Desta vez, ele estava atrasado e ninguém sabia exatamente o que fazer. Um dos gerentes perguntou:

– Vamos começar sem ele, ou seria melhor esperar mais um pouco?

Não demorou muito e o diretor entrou apressado, carregando algumas pastas:

– Desculpem o atraso. Tive que resolver algumas coisas que não poderiam ficar para mais tarde.

A consultora se levantou e apontou para o quadro, onde fixara o círculo contendo os quatro tipos de feedback. Ela começou dizendo:

– Sei que estão lembrados dos quatro tipos de feedback: positivo, corretivo, insignificante e ofensivo. Em nosso encontro de hoje daremos atenção especial ao feedback positivo como uma ferramenta poderosa para conseguir que comportamentos sejam repetidos, modificados e moldados. A maioria das pessoas acha que sabe tudo sobre feedback positivo, mas a verdade é que muita gente não usa essa ferramenta de maneira eficaz. As pessoas dão feedback insignificante e acreditam que as consequências serão maravilhosas, o que raramente acontece.

Figura 7-1. Os quatro tipos de feedback

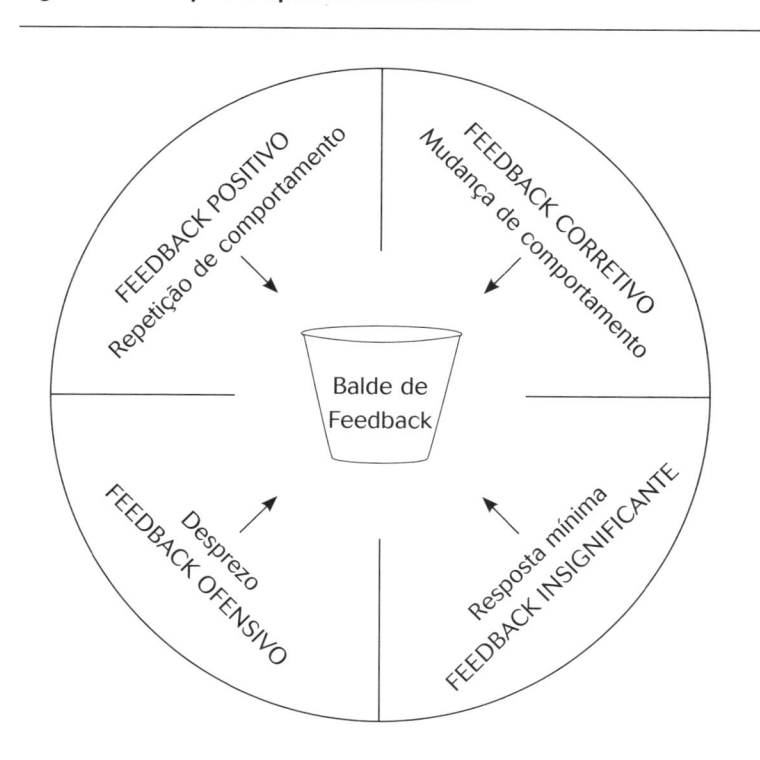

FEEDBACK POSITIVO — Repetição de comportamento
FEEDBACK CORRETIVO — Mudança de comportamento
FEEDBACK INSIGNIFICANTE — Resposta mínima
FEEDBACK OFENSIVO — Desprezo

Balde de Feedback

A consultora escreveu no quadro os três elementos do feedback positivo. Apontando para a lista, ela continuou:

— Vamos ver o que é e o que não é feedback positivo e aprender um método altamente eficaz para oferecer esse tipo de tratamento tanto no trabalho quanto em casa. A técnica permitirá que deem feedback positivo em quase todas as situações de maneira bem mais poderosa.

Figura 7-2. Os três elementos do feedback positivo

1. O que é
2. O que não é
3. Como dar

A consultora continuou:

— Algumas semanas atrás discutimos rapidamente sobre a importância do feedback positivo. Temos acompanhado o relato de Scott e como ele vem melhorando a qualidade de sua relação com Jerry, que parece estar indo de vento em popa. E, considerando os comentários feitos por muitos aqui presentes, sei também que o feedback positivo tem sido um grande motivo de reflexão nos últimos tempos. Scott não é o único gerente que tem aperfeiçoado suas habilidades, não é mesmo?

A consultora puxou uma cadeira para o centro do semicírculo, sentou e disse:

— Gostaria que vocês contassem o que têm feito desde que iniciamos nosso treinamento. Podem usar exemplos do trabalho ou de casa, tanto faz. O importante é escolher situações nas quais vocês tentaram usar o feedback positivo para reforçar ou modificar um comportamento.

Olhando na direção de Scott, a consultora disse:

– Scott, você tem sido um bom exemplo para todos nós com seu projeto envolvendo o Jerry, e estamos gratos por isso. Mas estou curiosa para saber o que seus colegas vêm fazendo. Sendo assim, deixe seus comentários para mais adiante.

Olhando, então, para o diretor, ela disse:

– Sei que você também vem trabalhando em um projeto sigiloso, mas, antes de ouvir seu relato, vamos deixar que os outros falem, tudo bem?

O diretor balançou a cabeça em sinal afirmativo e completou:

– Quero me desculpar pelo atraso de hoje, mas eu estava ao telefone colhendo as últimas informações do meu projeto.

A consultora voltou-se para o grupo e perguntou:

– Quem intensificou conscientemente o uso do feedback positivo e está disposto a nos contar o que aconteceu?

Dois gerentes começaram a falar ao mesmo tempo, mas, por cortesia, um deles cedeu a vez à colega:

– Antes de contar minha história, quero dizer uma coisa. Já participei de treinamentos como este e, para ser honesta, todos foram bons de certa forma. O que estamos vendo aqui não é nenhum bicho de sete cabeças. Não abordamos nada que não seja óbvio, mas algo que já deveríamos conhecer e que já deveríamos estar fazendo. Por alguma razão, não fazemos. Eis um bom tema para discutirmos uma outra hora: como pode uma coisa tão importante e que parece tão simples ser tão difícil de se realizar com a devida regularidade?

Enquanto a gerente fez uma pausa para organizar os pensamentos, a consultora se manifestou:

– Permita-me fazer um rápido comentário antes de você continuar seu relato. Você tem toda a razão: feedback não é nenhum bicho de sete cabeças. É importante, básico e muito simples. O problema é que muitos líderes não percebem a importância de encher os baldes de seus colaboradores. Minha preocupação é que esse déficit venha a piorar. Vamos agora ao seu exemplo.

A gerente continuou:

– Tive um problema com minha assistente administrativa. Batíamos de frente pelo menos uma vez por semana, às vezes até mais. Quando eu queria que algo fosse realizado de uma forma, ela cismava em fazer de outra maneira. Quando eu pedia para centralizar o título em um relatório, ela dizia que alinhado à esquerda ficava melhor. Essa situação vinha se prolongando há cerca de um ano. Os problemas nunca fugiram totalmente ao controle, mas incomodavam.

A gerente abriu uma pasta e tirou alguns papéis grampeados. Levantou-os para que todos os vissem e continuou:

– Este é um relatório com o título centralizado do jeito que prefiro. Devo admitir que imprimir um relatório com o título desta ou daquela forma não é uma coisa tão importante, mas os jogos que estávamos fazendo ilustravam o tipo de relação que tínhamos.

A gerente colocou o relatório de volta na pasta e, com um leve sorriso, continuou:

– Como consegui esta façanha? Reconheci que era muito crítica com essa pessoa. Quando ela estava certa, eu a ignorava. E quando estava errada, ou quando eu *acreditava* que estivesse errada, eu não perdia tempo em apontar o problema. Isso lhes parece familiar?

Disfarçando uma risada, Scott perguntou:

– Por acaso o seu sobrenome é Scott?

Quando a risada tomou conta da sala, a gerente disse:

– Adoraria poder dizer que apliquei um método psicológico de nome complicado, mas não fiz nada disso. Apenas repeti o que Scott fez. Parei com os comentários críticos e comecei a dar atenção às coisas que minha assistente fazia que me agradavam. Procuro, todos os dias, uma oportunidade para dar a essa funcionária um feedback positivo relacionado a algum aspecto do seu trabalho. Tenho enchido o seu balde! Com isso, acabo prestando mais atenção no seu desempenho, o que é bom para mim. Estou feliz com as mudanças ocorridas. Gente, esse negócio funciona!

A consultora agradeceu à gerente e perguntou:

– Quem mais gostaria de nos contar sua história?

Um outro gerente se manifestou:

– Minha história não é com um funcionário, mas com uma empresa fornecedora, com a qual mantenho contato quase que diário. Quando este treinamento começou, tentei melhorar meu relacionamento com as três pessoas que me atendem para ver o que aconteceria. Até então, quando um deles me prestava algum auxílio, eu achava que aquilo fazia parte do seu trabalho e que ele não merecia nenhum elogio. Agora, tenho me esforçado para reconhecer o trabalho de cada um. Já enviei e-mails, dei alguns telefonemas e até mandei uma caixa de bombons quando um deles aceitou uma encomenda depois do seu horário de trabalho, ou seja, quando devia estar voltando para casa! Como nos outros relatos que ouvimos aqui, os resultados são bem mais satisfatórios do que antes. A única coisa que mudei foi a maneira de tratá-los, e funcionou comigo também.

– Que tipo de feedback você está dando a essas pessoas? – perguntou a consultora.

– Nada de mais. Por exemplo, quando peço cuidado especial numa entrega e eles cumprem o prazo, expresso meu reconhecimento por meio de um telefonema ou de um e-mail, o que presumo que seja um feedback.

– De fato é. E seu exemplo foi ótimo. Obrigada.

Os alvos do SeaWorld

A consultora agradeceu aos dois gerentes pelos comentários e perguntou:

– Quantos aqui já estiveram em um parque temático como o SeaWorld?

Quase todos levantaram os braços, o que levou a consultora a comentar:

– Gosto deste exemplo porque muita gente já esteve lá. Há muito o que aprender com os treinadores do SeaWorld no que se refere a como tratar não só os animais mas também as pessoas. O que é feito no SeaWorld não é segredo para ninguém. Durante as apresentações, eles explicam claramente ao público como o reforço positivo é utilizado para modificar e moldar o comportamento dos animais.

A consultora colocou a mão embaixo da mesa e pegou uma vara de cerca de 1 metro, com uma ponta branca arredondada e acolchoada de 5 centímetros de diâmetro. Ergueu a vara para que todos a vissem:

– Esta é a minha versão-miniatura daquilo que os treinadores do SeaWorld chamam de alvo. As varas que eles usam são muito longas, para que possam alcançar os animais nos tanques. É a maneira como eles usam essas varas que me impressiona.

A consultora colocou a ponta arredondada a cerca de 30 centímetros do nariz de um dos gerentes. Depois, foi aproximando o alvo até que tocasse seu nariz. Com a outra mão, ela entregou uma barrinha de chocolate ao gerente, que rapidamente agarrou o prêmio e disse:

– Eu sabia que ia gostar deste treinamento!

A consultora repetiu a operação, oferecendo no final outra barrinha de chocolate. Olhou para a turma e perguntou:

– O que acham? Este é o peixe preferido dele?

Pela terceira vez, a consultora repetiu o processo, sempre entregando a barrinha de chocolate como prêmio. Em seguida, colocou o alvo a cerca de 15 centímetros do nariz do gerente e disse:

– Vamos fazer de conta que essa barrinha seja o seu peixe preferido e vamos imaginar que você esteja com fome e queira mais. Se eu colocasse o alvo assim na sua frente, o que provavelmente faria?

O gerente se inclinou e tocou o alvo com a ponta do nariz:

– Essa pergunta não é difícil. Passa mais uma barrinha para cá.

A consultora atendeu a solicitação e continuou:

– Digamos que você ainda esteja com fome e eu coloque o alvo aqui em cima – e levantou-o o máximo que conseguiu. – O que faria agora?

O gerente subiu na cadeira e se esticou até tocar no alvo:

– É isso que eu faria. Agora vou querer mais uma barrinha.

Aquela cena esquisita de um gerente em pé sobre uma cadeira fez com que o grupo caísse na gargalhada. A consultora colocou a vara na mesa e concluiu:

– Os golfinhos e as baleias orca não possuem um Q.I. humano, mas com paciência, repetição e reforço, combinados com o tipo certo de prêmio, é possível fazer com que um animal pule para fora da água e molhe os bobões que estão assistindo ao espetáculo da primeira fila. O SeaWorld é um ótimo exemplo porque os treinadores que trabalham lá dominam a arte de dar feedback positivo.

Os quartos dos garotos

Mais tarde, quando o grupo voltou do intervalo, a consultora anunciou:

– Chegou a hora de ouvirmos o resultado de uma tarefa especial que eu passei para o chefe de vocês. Meses atrás, eu o ouvi dizer que tinha dois filhos adolescentes que deixavam seus quartos em um estado que poderia ser condenado pela vigilância sanitária. Aqueles que têm filhos adolescentes talvez compreendam bem a frustração desse pai.

Ela olhou para o diretor e perguntou:

– Por que não explica o que pedi que você fizesse e como as coisas estão indo?

Ele se levantou e disse:

– Acho que a maioria aqui sabe que tenho dois filhos, um de 17 e outro de 14. Antes de chegar ao treinamento hoje, liguei para minha esposa pedindo que me passasse as informações mais recentes sobre os quartos dos garotos. Devo dizer que os quartos sempre foram um desastre, e nada que minha esposa e eu fizéssemos conseguia mudar esse quadro. A consultora sugeriu que eu ficasse atento a qualquer melhora espontânea e que fizesse o maior alarde quando observasse uma mudança positiva. Levou muito tempo para que qualquer melhoria ocorresse, mas finalmente descobri uma pequena melhoria no quarto do meu garoto de 14 anos. Uma noite, depois do jantar, entrei no quarto e disse: "Caramba, olha só para isso! Não tem nenhuma roupa em cima da cama. E este canto está mais limpo do que antes. Estou muito feliz pelo seu esforço em arrumar o quarto."

O diretor olhou ao redor e prosseguiu:

– Mais tarde, ainda naquela noite, minha esposa sugeriu que eu checasse o que estava acontecendo no quarto. Meu filho estava enchendo um enorme saco de lixo com velhas caixas de pizza e outras coisas que deixariam os caras da vigilância sanitária se contorcendo. Fiz o que nossa consultora me ensinou: elogiei novamente, e isso pareceu aumentar sua motivação para limpar ainda mais. Embora não tenha transformado o quarto em algo superapresentável, foi o maior progresso que vi em um ano. O quarto do meu filho de 14 anos está muito melhor, e o mais velho mostrou algum progresso. O que aprendi é que o segredo para fazer com que seus filhos limpem os quartos é elogiar o positivo e tomar muito cuidado para não insistir no negativo. Acho que a crítica excessiva foi uma das principais causas do meu problema.

A mudança que testemunhei pode servir de modelo para quando tivermos que lidar com nossos funcionários e uns com os outros. Precisamos insistir mais no positivo e tomar cuidado com o negativo. Era isso que eu tinha para contar.

A fórmula do feedback positivo

A consultora puxou a cadeira e sentou-se de forma que pudesse olhar diretamente nos olhos do diretor.

– Algumas semanas atrás pedi que você assumisse um projeto especial. Ouvi a maneira com que falou sobre os quartos dos seus filhos e percebi que se sentia frustrado. Então, pedi que usasse feedback positivo ao primeiro sinal de melhora espontânea. Você concordou com a tarefa e voltou hoje com resultados muito bons. Por causa de sua atitude, você está tendo a oportunidade de melhorar a relação com seus filhos e dar atenção a outras questões importantes na educação deles. Quero que saiba que estou impressionada com o que fez, pois nem todo executivo com quem já trabalhei teria se saído tão bem quanto você. Mais uma vez, obrigada.

O grupo sabia que a consultora acabara de fazer algo excepcional com relação ao diretor. Ela havia idealizado e executado tudo com tranquilidade e eficácia. O que os gerentes não tinham certeza era como aquilo tinha sido feito. A consultora perguntou:

– O que acabou de acontecer aqui?

– Você me deu feedback com relação ao que fiz, mas foi muito mais do que isso. De alguma forma, foi mais poderoso.

– É exatamente isto: mais poderoso. E, por ser mais poderoso, é também mais eficaz. Eu poderia ter dito "É isso aí!" ou "Muito bem!", ou ainda "Meus parabéns!". Todos esses comentários são ótimos e muitas pessoas se sentem melhor depois de ouvir esse tipo de observação. O problema é que eles carecem do poder que tantas vezes precisamos para provocar a reação que queremos. Chamo os comentários do tipo "É isso aí!" e "Muito bem!" de feedback insignificante, por não terem o poder do verdadeiro feedback positivo.

A consultora caminhou em direção à parede onde estava pendurado um cartaz, removeu o plástico que o cobria e expôs a fórmula com os quatro passos do feedback positivo:

– Primeiro, descrevi especificamente o que você fez, o seu comportamento. Em seguida, expliquei as consequências positivas de tal comportamento. Depois, disse como me senti com o que você fez e, por fim, expliquei por que me senti assim. Cada um desses quatro passos foi projetado para enfocar o feedback positivo de maneira a potencializar seu efeito. Um "Muito bem!" é menos eficaz do que essa fórmula, porque não é específico nem direcionado. A pessoa que recebe como incentivo um "Muito bem!" dificilmente consegue relacionar o feedback recebido com seu comportamento. O que faz com que esses quatro passos funcionem tão bem é que eles se apoiam de maneira muito poderosa em um comportamento específico que se deseja ver repetido.

Neste momento, a consultora arrastou sua cadeira até ficar de frente para a gerente que vinha tentando resolver suas diferenças com a assistente. Sorrindo de maneira encorajadora, ela disse:

– Como minha assistente administrativa, sei que você relutou em formatar meus relatórios da maneira que eu gosto. Mas estes últimos relatórios estão muito bons! Quando recorro a eles durante uma reunião, esta formatação facilita as coisas para mim. Quero que saiba que estou muito feliz pelo que você fez, pois acho que isso vai facilitar tanto o meu quanto o seu trabalho.

Em seguida, a consultora arrastou a cadeira e se posicionou diante do gerente que melhorou o feedback positivo com seu fornecedor:

– Nas últimas semanas, percebi que você fez de tudo para me ajudar. Estou grato especialmente por você ter passado a incluir mais detalhes em suas notas fiscais, o que facilita meu trabalho de comparar as despesas e conseguir aprovação para fazer o pagamento. Isso poupa o meu tempo e deixa o trabalho mais agradável.

Figura 7-3. Os quatro passos do feedback positivo

1. Descreva um comportamento específico
2. Descreva as consequências do comportamento
3. Descreva como você se sente em relação ao comportamento
4. Descreva por que você se sente dessa forma

A consultora levantou, olhou para todo o grupo e disse:

– Às vezes não conseguimos enxergar o comportamento, o que poderia acontecer, por exemplo, se o filho do diretor tivesse limpado o quarto enquanto o pai viajava a trabalho. Mas, se você prestar atenção no desempenho de uma pessoa, pode observar o *resultado* do comportamento. Nos três casos que acabo de demonstrar, reforcei os *comportamentos* e os *resultados*, pois eu gostaria que esses dois elementos se repetissem.

A consultora acrescentou:

– As consequências do comportamento de uma pessoa podem ser entendidas com maior clareza pela forma como essa conduta influencia os outros. Um filho ficará mais disposto a manter seu quarto arrumado se compreender o impacto significativo que isso tem sobre outros membros da família. A assistente administrativa centralizará os títulos dos relatórios se entender o quanto esse pequeno detalhe pode agradar à sua gerente. Os fornecedores vão se empenhar em cumprir os prazos das entregas e em causar menos transtornos se tiverem a exata noção do efeito que seu comportamento exerce sobre a empresa que compra seus produtos ou contrata seus serviços.

Olhando para a gerente que havia dito que o feedback não era nenhum bicho de sete cabeças, a consultora enfatizou:

– Existem muitas coisas que podemos aprender no que diz respeito a dar um retorno positivo aos outros. Pode não ser nenhum bicho de sete cabeças, mas é preciso um pouco de prática para conseguir aplicar o feedback de forma poderosa.

Ela acrescentou um pensamento final:

– Às vezes o feedback positivo não funciona. Apesar de todos os nossos esforços, quer usemos a fórmula mais poderosa ou não, algumas pessoas não reagem de maneira positiva. O que você faz nesses casos? Existe uma fórmula para essas situações? Bem, responderei a essa pergunta em nosso próximo encontro. Até lá.

CAPÍTULO 8

Feedback corretivo: o mais difícil de todos

Os gerentes voltaram a se encontrar duas semanas depois com a consultora. No quadro havia a seguinte mensagem:
"Temos uma tarefa muito importante para cumprir hoje."
Debaixo da frase havia um papel cobrindo uma parte do quadro.
O diretor fez alguns comentários introdutórios e, em seguida, passou a palavra para a consultora. Mas, antes que ele conseguisse se sentar, ela perguntou:
– Como estão os quartos dos seus filhos?
– Nada mal – respondeu. – Eu não diria que as coisas estão do jeito que eu e minha esposa gostaríamos, mas o quarto do mais novo está bem melhor e o do mais velho já mostra sinais de mudança.

Figura 8-1. Atividade importante

"Temos uma tarefa muito importante para cumprir hoje."

A consultora comentou:

– Em um e-mail recente, você me contou que seu filho mais novo estava até procurando um produto para limpar vidros...

– Ah, sim. Diariamente, dou uma enchida no balde dele. Toda vez que ele limpa um pouco, eu reforço um pouco. A cada melhora, eu percebo uma mudança em sua atitude com relação a outras coisas, como as tarefas que ele faz em casa, o jeito com que trata a mãe, os deveres da escola e assim por diante. Uma noite, ele perguntou à mãe o que ela usava para limpar as janelas. Minha esposa perguntou por que ele precisava de um limpador de vidro, e ele respondeu que queria limpar as janelas do quarto.

– As janelas?

– Sim, as janelas do quarto! Vocês sabem que eu já havia me convertido aos conceitos do feedback há muito tempo, mas quando soube da história do limpador de vidro fiquei mais convicto ainda!

– Mais convicto ainda... Vou ter que acrescentar isso ao meu repertório – sorriu a consultora. – Bem, antes de continuarmos, gostaria de fazer uma pergunta. Você disse que, depois de reforçar os avanços do seu filho mais novo na arrumação do quarto, ele caprichou ainda mais na limpeza. E, em seguida, você percebeu alguns progressos em outras áreas da vida do garoto, certo?

– Certo. A mudança no comportamento dele foi além da arrumação do quarto.

– O que acontece quando um funcionário recebe feedback positivo após realizar melhorias por conta própria?

– Imagino que podem ocorrer melhorias em áreas não relacionadas ao feedback específico. Parece interessante... – disse o chefe, intrigado com a possibilidade.

Duas alternativas

Depois de explicar que existem duas alternativas quando se quer dar feedback positivo no trabalho – reforçar o que a pessoa é ou o que ela faz –, a consultora correu os olhos pela sala e disparou:

– Como vocês sabem se alguém está precisando receber um apoio pelo que é ou pelo que faz?

Como todos hesitaram, ela mesma tomou a iniciativa:

– Dar feedback é um desafio, pois precisamos entender as outras pessoas e a maneira como elas reagem para aprimorar nossa capacidade de dar retorno. E, como vocês devem saber, ser capaz de fazer uma "leitura" das outras pessoas não é uma habilidade inata, mas algo que precisamos desenvolver. Portanto, me digam: como um supervisor, um pai ou uma mãe sabem se é melhor reforçar o comportamento ou a pessoa?

Um gerente alto e robusto levantou a mão e disse:

– Pensei muito sobre isso depois do nosso último encontro. Parece impossível dizer logo de cara, mas acho que alguém com facilidade de se comunicar provavelmente faria as duas coisas. Não sei se em quantidades iguais, mas tenho certeza de que um bom gerente teria que fazer as duas coisas.

– Concordo. É preciso tempo e prática para poder discernir o quanto de reforço de um comportamento é necessário em comparação com o reforço dos traços de personalidade desejáveis. Talvez isso seja confuso porque os dois tipos são necessários. O desafio é decidir quando utilizar cada um deles.

A consultora fez uma pequena pausa e concluiu seu pensamento:

– Na verdade, as duas técnicas se relacionam. Quer reforce a pessoa ou o comportamento, você não estará de modo algum perdendo tempo. Os dois tipos de feedback frequentemente trazem bons resultados. Geralmente elogio o comportamento nas situações em que é possível dar um retorno imediatamente após uma iniciativa que gostaria de ver repetida. Do contrário, misturo os dois métodos.

Uma tarefa realmente difícil

Depois que o grupo voltou do intervalo, a consultora anunciou:
– Chegou a hora de avaliar o quanto vocês aprenderam em nossos encontros. Pode ser bastante difícil colocar a teoria em prática, mesmo quando estamos tratando de algo tão simples quanto o feedback. Assim, vou pedir que dois voluntários nos mostrem como o feedback corretivo deve ser dado.

A consultora puxou duas cadeiras e as posicionou formando um V na frente da sala.
– Preciso de dois voluntários – disse ela.

Como ninguém se ofereceu, ela apontou para o homem alto e robusto e para uma mulher de terninho marrom.
– Que tal se vocês dois demonstrassem suas habilidades?

Enquanto eles se acomodavam nas cadeiras na frente da sala, a consultora explicou o papel que cada um dos dois devia desempenhar.

– O senhor é um funcionário que vem apresentando problemas comportamentais e de desempenho, mas está tranquilo, pois não acha que seja nada tão sério. Esta é a sua gerente, que vem tentando lhe dar feedback positivo nas últimas semanas, mas por algum motivo você tem ignorado suas tentativas. Ela agora vai tentar corrigir seu comportamento. Vamos ver o que acontece.

A mulher não perdeu tempo:
– Obrigada por vir. Precisamos discutir algumas coisas que estão acontecendo aqui no escritório. Ontem você se desentendeu com um colega de trabalho, e esta manhã o mesmo problema se repetiu. Fiquei sabendo que você trata os outros com rispidez sem-

pre que se sente frustrado com alguma coisa. Não acho produtivo entrarmos em detalhes sobre quem disse o quê e quem fez o quê.

A gerente fez uma pausa para organizar os pensamentos e continuou:

– Você sabe como valorizamos o bom relacionamento aqui na empresa. E tenho certeza de que você quer fazer parte de uma equipe em que as pessoas se respeitam mutuamente, pois isso permitirá que nossa empresa se fortaleça no mercado. Não concorda?

O gerente que estava fazendo o papel de funcionário encolheu os ombros em sinal de indiferença e disse:

– Sei lá... acho que sim... – Ele parecia estar se divertindo com o papel de funcionário problemático.

A gerente olhou para os cartazes nas paredes, como se procurasse ajuda.

– Preciso que você corrija seu comportamento para que possamos atingir os resultados de que precisamos e alcançar os objetivos da empresa – disse ela, sem saber como prosseguir.

– E como a senhora vai reagir se isso acontecer novamente? – questionou ele.

Muitos gerentes sorriram quando a mulher de terninho percebeu que estava num beco sem saída. Sem a menor ideia do que dizer, ela disparou:

– Bem, se esses problemas continuarem a se repetir no futuro, acho que em breve você estará vendendo balas no sinal de trânsito.

Depois que as gargalhadas diminuíram, a consultora interrompeu a simulação para agradecer aos dois "voluntários" e pedir que voltassem a seus lugares. Como os outros, ela estava sorrindo, pois também achou o comentário muito engraçado.

– Parece que conseguimos abordar todos os pontos com essa simulação. Agora me digam: além do talento teatral da nossa gerente, o que acharam da sua tentativa de aplicar um feedback corretivo?

O gerente que fez o papel de funcionário foi o primeiro a se manifestar:

– Tive a sensação de que ela estava me dizendo o que eu tinha que fazer para me manter no trabalho.

– Também me pareceu que ela estava *ditando* o que você deveria mudar – resumiu a consultora.

Um outro gerente fez um aparte:

– Tive a impressão de que ela estava tentando *convencer* o funcionário a mudar seu comportamento.

– Para você, soou como persuasão, então?

– Sim, eu diria que ela mordeu para depois assoprar.

– Concordo. Ela fez as duas coisas. E teve mais um elemento relacionado à venda de balas no sinal. O que vocês diriam que foi aquilo?

– Seguindo a linha, acho que ela mordeu, assoprou e depois ameaçou – acrescentou um gerente que estava sentado no fundo do semicírculo.

– Era isso que eu estava procurando. Quanto aos nossos voluntários, recebam uma salva de palmas pelas suas atuações. Os dois agiram exatamente como eu estava torcendo para que fizessem.

Métodos tradicionais para mudar um comportamento

A turma aplaudiu rapidamente enquanto a consultora caminhava em direção ao quadro para remover o papel que cobria um cartaz contendo uma lista. Ela puxou uma cadeira e se sentou como se fosse bater um papo com um amigo.

– Muitas pessoas tentam corrigir o comportamento dos outros por *imposição* ou *persuasão*. Se esses dois métodos falham, lançam mão da *ameaça*. Isso é tão comum quanto um novo presidente que deseja ter sua foto na capa do boletim informativo da empresa.

Figura 8-2. Métodos tradicionais para corrigir um comportamento

- Imposição
- Persuasão
- Ameaça

Ela balançou a cabeça e continuou:
– Talvez um novo presidente deva mesmo ter a foto na capa do boletim informativo, mas o problema é que as ações de impor, persuadir e ameaçar não são realmente eficazes. Quando funcionam, só duram até o momento em que o chefão vira as costas. Então, o funcionário retoma o velho padrão de comportamento. Se vocês tiverem qualquer dúvida quanto a isso, considerem sua própria reação quando alguém lhes impõe algo. Quando alguém diz o que, quando e como vocês devem fazer alguma coisa, isso não provoca uma profunda indignação? Como se sentem quando percebem que alguém está tentando convencê-los de alguma coisa? Meus instintos naturais de defesa entram em ação quando sinto que estão tentando me levar no papo. É como se eu me sentisse inferior ou desqualificada de alguma forma.

A consultora perguntou:
– E o que vocês acham de serem ameaçados com frases do tipo "Se você não mudar seu comportamento imediatamente, as consequências podem ser terríveis"? Se o que fiz é tão grave, tenho que admitir que é necessário estabelecer um limite. Mas e se eu não acreditar que meu comportamento justifique uma ameaça? Qual a eficácia de tal intimidação neste caso?

Fazendo uma pausa para que a turma refletisse sobre suas palavras, ela perguntou:

– Imposição, persuasão e ameaça: o que acham?

Vários gerentes falaram ao mesmo tempo. O assunto era polêmico, e a maioria gostaria de compartilhar suas opiniões. Um gerente falou primeiro:

– Estou muito envergonhado porque é exatamente isso que faço. Quando gosto muito da pessoa, tento persuadi-la a mudar. Quando gosto um pouco, digo o que tem que mudar. E, quando não gosto, normalmente recorro à ameaça.

– O que devemos fazer? – perguntou outro gerente.

A participante que fez o papel de chefe na simulação disse:

– Tem funcionário que só reage quando se impõe um limite.

Um outro gerente completou:

– Tem funcionário que só está aqui pelo salário no final do mês. Não está nem aí para a empresa. Às vezes, a única forma de conseguir chamar sua atenção é por meio da ameaça.

– Tudo bem, tudo bem, eu desisto! – A consultora levantou as mãos como se estivesse se rendendo, foi para o centro da sala e deu continuidade à sua linha de raciocínio. – Lembrem que mudar de comportamento é um processo. Às vezes, pode ser um processo lento. Há ocasiões em que não funciona, apesar de nossos esforços. Nossa obrigação como supervisores, gerentes e líderes é usar as melhores técnicas que pudermos.

Depois de beber um gole de água, ela prosseguiu:

– Após muitos anos lidando com pessoas, algumas com espírito cooperativo e outras não, desenvolvi um conjunto de métodos que podem ser usados de acordo com a necessidade. A esta altura, vocês já devem ter concluído que o primeiro passo nesta progressão é tentar o feedback positivo. Mas o que devemos fazer se a estratégia não funcionar?

O passo a passo do feedback corretivo

Dirigindo-se até o quadro, a consultora removeu o papel que cobria outra lista, com os cinco passos do feedback corretivo.

– Agora que já discutimos o feedback positivo, vamos estudar os outros passos deste processo. Lembrem-se de que a mudança de comportamento é quase sempre um processo, principalmente em situações difíceis.

Apontando para o primeiro item da lista, que indicava o feedback positivo, a consultora continuou:

– Ao primeiro sinal de que um comportamento precisa ser modificado, geralmente é uma boa estratégia usar o feedback positivo antes de qualquer coisa. Já me surpreendi diversas vezes com os bons resultados obtidos com uma pequena dose desse "remédio". Sei que é um desafio à lógica, mas funciona. Neste treinamento, por exemplo, tivemos a oportunidade de acompanhar a mudança de comportamento do representante comercial Jerry e ouvimos a história de um garoto de 14 anos que passou a limpar o quarto, inclusive as janelas, em função do feedback positivo.

Figura 8-3. Cinco passos para corrigir um comportamento

1. Tente dar feedback positivo antes de qualquer coisa
2. Faça perguntas cuidadosamente orientadas
3. Diga claramente qual a mudança necessária
4. Aplique a disciplina apropriada
5. Estabeleça um limite

A consultora prosseguiu:

– Caso a situação permita, comecem o processo de correção com esta estratégia. Se não funcionar dentro de um tempo razoável, sigam para o passo seguinte. E não se esqueçam de que já perdi a conta das vezes em que o feedback positivo modificou o comportamento antes que fosse necessário tentar qualquer outra coisa.

Apontando para o segundo item, ela continuou:

– Daqui a pouco vou ensinar como fazer perguntas cuidadosamente orientadas, um método que tem um grande poder de mudar comportamentos. Antes, porém, quero descrever rapidamente os outros passos da lista. Quando as perguntas não funcionam, o que acontece com algumas pessoas, usamos a técnica de dizer de forma direta e afirmativa o que precisa ser mudado.

A consultora abaixou o tom da voz e continuou:

– Tem uma parte do feedback corretivo que tanto os gerentes quanto os pais chamam de disciplina, na medida em que é uma tentativa de modificar um comportamento. Todos sabem por experiência própria que, em situações específicas, é necessário e apropriado aplicar uma boa dose de disciplina. O contrário pode gerar um clima permissivo, que traz consequências negativas. E lidar com essas consequências é um problema completamente diferente.

A consultora sublinhou o quinto item no quadro e acrescentou:

– O último passo desta lista é estabelecer um limite. Não estamos fazendo nenhum treinamento sobre como aplicar disciplina, mas a melhor forma de fazer isso é dizer ao colaborador que você está num beco sem saída e que, se ele não corrigir o problema imediatamente, só restará uma opção. Nesse momento, deixe-o refletir sobre qual seria tal opção. As hipóteses de punição imaginadas por ele são, em geral, muito maiores do que suas intenções de fato. – E então continuou: – Vou resumir o que acabei de dizer: os comunicadores eficazes sempre tentam usar o feedback positivo em primeiro lugar, exatamente como o diretor de vocês fez diante dos problemas com os filhos. Se não der certo, o próximo passo é usar o feedback corretivo. Se não funcionar, a saída é lançar mão da disciplina.

A consultora percebeu que o diretor estava pensativo. Olhou para ele e perguntou:

– Vejo pela sua expressão que você tem uma pergunta na ponta da língua.

– Tenho mesmo. Já que o feedback positivo, o corretivo e a disciplina estão todos tão relacionados entre si, eles não deveriam fazer parte da política de disciplina progressiva de nossa empresa?

– O que você acha?

– Acho que precisamos considerar essa possibilidade – respondeu ele.

– Concordo – disse a consultora –, mas conheci poucos executivos até hoje que consideraram seriamente essa proposta.

Comportamento, desempenho e resultados

A consultora caminhou até a outra parede, onde havia mais um cartaz coberto. Ao remover a folha de papel que estava por cima, ela revelou o que parecia uma fórmula.

– É importante compreender como o feedback deve ser aplicado e quando devemos usar o positivo ou o corretivo. Anos atrás, este quadro me ajudou a entender a diferença.

Virando-se para o grupo, ela disse:

– O motivo pelo qual precisamos apoiar ou corrigir comportamentos é que eles influenciam o desempenho, que afeta os resultados. Simples assim.

Ela apontou para as duas primeiras linhas do gráfico:

– Os comportamentos positivos costumam gerar um desempenho positivo, cuja tendência é produzir um resultado positivo, que justifica e *merece* um feedback positivo, sob o risco de tal comportamento não voltar a se repetir.

Figura 8-4. Reação apropriada a comportamentos positivos e negativos

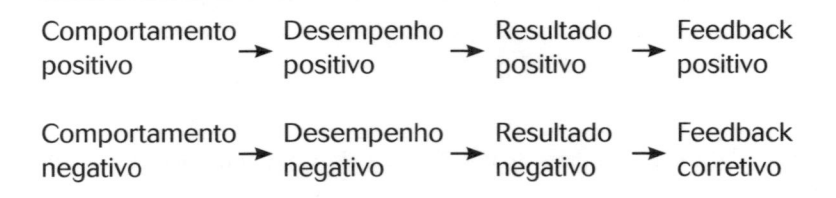

| Comportamento positivo | → | Desempenho positivo | → | Resultado positivo | → | Feedback positivo |
| Comportamento negativo | → | Desempenho negativo | → | Resultado negativo | → | Feedback corretivo |

Apontando para as duas últimas linhas, a consultora acrescentou:

– Comportamento negativo tende a gerar desempenho negativo, que, por sua vez, tende a produzir resultados negativos, que justificam um feedback corretivo.

Para concluir, ela disse:

– Se o feedback positivo não funcionar, passe para o corretivo. Se o feedback corretivo não funcionar, estabeleça um limite com um nível adequado de disciplina.

O jantar romântico

Durante o intervalo, Scott se aproximou da consultora, mas, antes que pudesse dizer qualquer coisa, ela falou:

– Estes encontros deixam meus pés destruídos. Enquanto vocês aproveitam o intervalo para esticar as pernas, eu preciso me sentar para dar uma relaxada.

Scott sorriu e disse:

– Muito do que discutimos ao telefone e pelos e-mails faz mais sentido agora, depois dessa discussão.

– Seu feedback positivo com o Jerry foi a solução correta, mas havia uma pequena possibilidade de não dar certo. Isso pode acontecer em quase todas as situações, devido às diferenças entre as pessoas. – Ela olhou para Scott e perguntou: – Como terminou o seu projeto especial em casa?

– Sei que está se referindo ao pedido de desculpas. Usei com a minha esposa o que aprendi com Jerry. Saímos para jantar, porque uma boa refeição sempre ajuda quando temos algo importante a dizer. Preparei o terreno com uma atitude agradável, me desculpei pelo que vinha fazendo e prometi melhorar bastante no futuro.

– Como ela reagiu?

– Para falar a verdade, ela ficou hesitante, mas ainda assim fizemos mais progresso naquela noite do que em muitos anos. Gosto daqueles três passos: eliminar o crítico, aumentar o positivo e pedir desculpas quando apropriado. Foi o que provavelmente salvou meu casamento e minha relação com meus filhos. Sem mencionar o que aconteceu com o Jerry. Obrigado!

– De nada. É ótimo ouvir um relato tão bom.

Com um sorriso discreto, Scott disse:

– Algumas semanas atrás você me disse para não desistir do feedback em casa. Segui sua sugestão e aprendi que é importante ser persistente.

– Fico feliz por você – falou a consultora.

Antes de sair para tomar um café, Scott olhou mais uma vez para a consultora e disse:

– Obrigado por seu apoio, *Dra. Feedback*.

Ela sorriu.

Feedback corretivo com perguntas

Depois do intervalo, a consultora prosseguiu:

– Graças à simulação que fizemos aqui, vocês sabem que imposição, persuasão e ameaça não são métodos eficazes para modificar comportamentos. Dentro de instantes falaremos sobre uma técnica direta, que funciona em situações em que as outras não deram certo, mas agora vamos analisar o meu método preferido: fazer perguntas orientadas.

A consultora puxou uma cadeira e se sentou diante do diretor:
– Gostaria de lhes apresentar meu filho de 17 anos. Vamos chamá-lo de Júnior, porque ele se parece muito com o pai.

Apontando para si mesma, continuou:
– E gostaria de lhes apresentar o pai do Júnior, ou seja, eu.

Alguns risinhos tomaram conta da sala. A consultora olhou para o diretor e explicou:
– Gostaria que você participasse de uma simulação comigo. Você faz o papel do seu filho mais velho e eu interpreto você. Já dei o melhor feedback positivo, mas não funcionou. Agora vou usar outra técnica, baseada em perguntas, visando mudar seu comportamento. A situação é a seguinte: eu acho que meu filho está meio sem direcionamento na vida e que passa muito tempo fazendo coisas que considero improdutivas. Receio que ele não tenha um plano para o futuro.

Depois de correr os olhos pela sala, ela completou:
– Vocês estão encarregados de diagnosticar *como* funciona esta técnica enquanto simulamos a situação. Observem com atenção para conferir se as perguntas orientadas podem efetivamente modificar um comportamento.

Virando-se para o "Júnior", ela começou:
– Que bom que você veio comer uma pizza comigo. Tem uma coisa importante sobre a qual precisamos conversar. Estou preocupado com o que parece ser uma falta de direcionamento em sua vida. Você já está com 17 anos e, em alguns meses, estará terminando o ensino médio. O que gostaria de estar fazendo daqui a um ano?
– Ah, tipo assim... sei lá – respondeu o diretor, perfeito no

papel de Júnior e com a naturalidade de quem ouviu essa frase milhares de vezes. Muitos gerentes riram, obviamente porque já haviam escutado a mesma resposta de seus filhos.

O comentário não desconcertou a consultora, que seguiu em frente:

– Acho que você sabe, sim. Sei que gosta de estar com seus amigos, de passar horas no computador e de jogar video games. Você sabe do que gosta e do que não gosta. Então, provavelmente, já refletiu sobre o ano que vem. Respeito você e vou respeitar sua resposta. Então, o que gostaria de estar fazendo daqui a um ano?

– Acho que gostaria de estar na faculdade.

– Ótima resposta. O que gostaria de estar fazendo em cinco anos?

– Cinco anos depois de começar a faculdade, provavelmente já estarei formado.

– Não foi isso o que perguntei. O que gostaria de estar *fazendo* em cinco anos?

O diretor olhou para os outros gerentes na sala e comentou:

– Acho que estou proibido de dizer: "Ah, tipo assim, sei lá."

– Exatamente – concordou a consultora de imediato.

Sorrindo, ele voltou ao papel de Júnior:

– Alguns amigos sabem exatamente o que querem fazer, mas eu não tenho certeza. Provavelmente alguma coisa relacionada a computadores.

– Então alguns de seus amigos já têm uma direção em mente. Como se sente ao perceber que eles sabem o que querem enquanto você continua indeciso?

– Fico "bolado".

– Parece que você fica incomodado pelo fato de não saber, mas, se tivesse que escolher uma profissão hoje, seria algo relacionado a computadores.

– Isso mesmo.

– Algumas pessoas ficam confusas quando têm que resolver um problema porque não conseguem enxergar todos os detalhes da solução. É possível que sua dificuldade em tomar uma decisão deva-se à complexidade e abrangência da área de informática. Estou falando besteira?
– Bem, não tenho certeza se quero trabalhar em sistemas, redes, programação, ou sei lá o quê. Não sei mesmo.
– É exatamente isso que estou dizendo. Eu ficaria confuso também. A maioria das pessoas, também.

Levando o papel muito a sério, a consultora prosseguiu:
– Neste exato momento a questão é: antes de começar a cursar a faculdade de informática, é realmente necessário que um aluno decida qual será sua especialidade? O que você acha?
– Eu não tinha pensado nisso. Talvez não seja necessário decidir logo.
– Tenho certeza de que não é. Mas, se você quiser estar formado em alguma especialidade dentro da área de informática daqui a cinco anos, precisa começar a batalhar por esse objetivo. Então, o que você precisa fazer esta semana ou este mês para que possa chegar lá?
– Tenho que acabar o ensino médio e me preparar para o vestibular.
– É isso aí. Como posso ajudá-lo a alcançar esse objetivo?

Uma tonelada de perguntas

A consultora se levantou, encerrando a encenação.
– Nossa! – disse um dos gerentes. – Temos outro ator em nosso grupo.

A consultora gostava da maneira como o grupo interagia de forma divertida e não ameaçadora. A comunicação aberta, as brincadeiras sem maldade e o modo como todos compartilhavam seus sentimentos eram um forte indicador de coesão.

– Voltando ao Júnior e ao seu pai. Qual técnica utilizei ao tentar corrigir o comportamento dele?

– Você fez uma tonelada de perguntas – disse Scott.

– E o que as perguntas provocam em uma discussão desse tipo?

– Você acaba de fazer outra pergunta! – brincou um gerente.

– Fiz mesmo, mas qual o objetivo das perguntas quando estamos tentando modificar um comportamento?

Scott tomou a iniciativa e respondeu:

– A sensação é de que suas perguntas permitiram que você conduzisse a discussão sem que parecesse supercontroladora. As perguntas também fizeram a outra pessoa falar.

Responsabilidade sobre o problema e a solução

A consultora olhou para o grupo e continuou:

– Quando peço a um funcionário para descrever uma situação que se tornou problemática, quem provavelmente assumirá a responsabilidade psicológica sobre o problema: eu ou ele?

– O funcionário – respondeu um gerente.

– Quando faço uma série de perguntas orientadas, de forma que este colaborador sugira uma boa maneira de resolver seu próprio problema, quem é o responsável pela solução?

– Ele – respondeu o mesmo gerente.

– Se eu forçar uma solução ou tentar persuadir o funcionário a tomar determinada decisão, quem assumirá a responsabilidade psicológica por isso?

– Você – disse o mesmo gerente.

– Na simulação que acabamos de fazer, quem *controlou* a discussão? – perguntou a consultora.

– Você. Suas perguntas orientaram o rumo da conversa – afirmou o gerente.

– Lembrem que a pessoa que faz as perguntas é sempre quem controla a direção da conversa. É por isso que me refiro a essa técnica como questionamento orientado. Qual foi o propósito das perguntas relacionadas ao que Júnior gostaria de estar fazendo em um ano e em cinco anos?

Desta vez, Scott respondeu:

– Elas forçaram Júnior a deixar de lado os problemas atuais e a pensar sobre aonde ele deseja chegar no futuro.

– Certamente as perguntas fizeram isso, mas qual a relação dessas coisas com a arrumação de seu quarto?

Silêncio total. Ninguém esperava aquela pergunta. O único som que quebrava o silêncio era o barulho do ar-condicionado. Como ninguém se manifestou, a consultora disse:

– Viver no meio da bagunça ou até mesmo da sujeira está sempre relacionado à percepção que alguém tem de si mesmo. Se Júnior está inseguro com relação ao futuro, como parece estar, por que deveria se preocupar com as condições físicas do lugar onde dorme todas as noites? Aposto que, quando ele encontrar o caminho que quer seguir e melhorar sua autoestima, vai passar a cuidar melhor de seu quarto também. Isso acontecerá, principalmente, se receber doses consistentes de feedback positivo de seus pais. É melhor deixar aquele limpador de vidro ao alcance!

Instruções para corrigir um comportamento

A consultora pegou um cartaz que estava embaixo de uma das mesas laterais, pendurou-o na parede e disse:

– Tomei o cuidado de reservar este cartaz para o final. Existem situações em que oferecer feedback positivo e fazer perguntas não causarão a desejada mudança de comportamento. Algumas pessoas são teimosas, e algumas situações são difíceis e até explosivas. Às vezes as coisas não saem como planejamos. Qualquer que seja a razão, nesses casos é preciso usar uma técnica direta, que funcione exatamente quando as outras falharem. Observem que ela se parece muito com a estratégia do feedback positivo que aprendemos anteriormente.

A consultora caminhou em direção ao diretor e falou:

– Júnior, por muitos anos você não tem dado a mínima para o seu quarto. O lugar está cheio de roupas sujas, sem falar das embalagens com restos de comida espalhadas pelo chão. Você tem convivido com lixo e bagunça por tanto tempo que eu tenho até medo de que isso já tenha se tornado um estilo de vida. Para ser bem honesto, tenho vergonha de mostrar seu quarto para qualquer pessoa, pois afeta a imagem da família inteira. Preciso que cuide mais do seu quarto. Como posso ajudar?

Figura 8-5. Dando explicações claras e diretas para mudar um comportamento

1. Descreva um comportamento específico
2. Descreva as consequências do comportamento
3. Descreva como você se sente em relação ao comportamento
4. Descreva por que você se sente dessa forma
5. Descreva o que precisa ser mudado

Depois da demonstração da técnica, a consultora olhou para os outros participantes e perguntou:

– O que acham? Isso funcionaria?

O diretor disse:

– Gosto da técnica de fazer perguntas. Acho que o Júnior, como você o chama, reagiria melhor às perguntas do que à imposição.
– Ótima conclusão. Quem mais gostaria de falar?
Um outro gerente acrescentou:
– Acho que o Júnior reagiria melhor às perguntas orientadas, mas parece que o que você acabou de fazer foi o último recurso, depois que nada mais deu certo. Durante anos, tive funcionários que precisavam receber ordens. Quem dera, naquela época, eu soubesse como dar ordens de maneira assertiva, usando os seus termos. O feedback corretivo provavelmente teria funcionado melhor do que minhas ameaças.
– É esta a questão – disse a consultora. – Uma compreensão mais aprofundada sobre o feedback corretivo nos permite fazer escolhas. E são essas opções que nos garantem mais eficácia tanto nas relações de trabalho quanto nos relacionamentos pessoais.
O encontro foi encerrado logo depois dessa conversa. Quando estava saindo, Scott ouviu a consultora dizer:
– Vou ficar aguardando notícias dos progressos em seus projetos.
Ele assentiu com a cabeça, pois sabia o que ela queria dizer com tal comentário.

CAPÍTULO 9

O desafio é fazer acontecer

Scott ficou imaginando se tinha alguma coisa errada. O diretor não costumava marcar reuniões em seu escritório, pois preferia se comunicar com os membros da equipe em seus locais de trabalho. Sempre que podia, o diretor fazia pequenas incursões aos departamentos para estabelecer contato com os gerentes e com os funcionários. Scott gostava desse estilo de comunicação e vinha imitando o chefe.

Quando ele recebeu o recado de que sua presença estava sendo solicitada o mais rápido possível na sala do diretor, ficou preocupado. Os elevadores eram lentos demais, de forma que decidiu usar as escadas. Enquanto subia às pressas, ligou para o celular da esposa. Scott já estava entrando em pânico quando ela atendeu no quinto toque. Sim, estava tudo bem com ela e com as crianças. Qualquer que fosse o problema, não era na sua casa. O que mais poderia estar errado? Ele não tinha a menor ideia.

Quando entrou esbaforido no quinto andar, onde ficava a diretoria, lembrou que gostava muito da decoração daquela área. Não que o seu escritório no terceiro andar tivesse uma decoração ruim ou fosse mal projetado. É que os móveis e a combinação de cores do quinto andar eram muito bonitos. Ao atravessar o corredor, ele ficou impressionado com o silêncio daquele andar, que para completar tinha uma vista maravilhosa.

Quando se aproximou da sala do diretor, o assistente dele disse:
– Pode entrar, Scott. Estão aguardando você.

Scott pensou: "*Estão* me aguardando? Quem está me aguardando?"

Quando entrou, encontrou seu chefe e a consultora sentados em volta de uma mesa redonda, sobre a qual havia alguns papéis espalhados.
– Entre, Scott. Precisamos de sua ajuda – disse o diretor. – Sente-se.

A consultora o cumprimentou:
– Olá, Scott, que bom ver você. Obrigada por me manter atualizada. Com um intervalo de um mês entre as últimas sessões, acabo perdendo contato com o pessoal, de forma que gosto muito de ler seus e-mails. – Ela fez uma pausa e perguntou: – Como vão as coisas com sua filha?

Scott deu uma rápida olhada para o diretor, pois não fazia ideia de quanto ele sabia a respeito da situação. Percebendo o possível desconforto de Scott ao discutir questões pessoais no escritório do diretor, a consultora logo acrescentou:
– Scott tem conversado comigo a respeito de sua relação com a filha de 10 anos.

– Que ótimo! – disse o chefe. – E como vão as coisas entre você e a menina?

Depois de uma rápida explicação sobre como inicialmente sua filha não havia reagido às suas tentativas de aproximação, Scott completou:
– Nosso relacionamento começou a melhorar quando equilibrei os tipos de feedback que estava dando a ela. – Ele olhou para a consultora e prosseguiu: – As três coisas que você me desafiou a colocar em prática fizeram uma grande diferença.

A consultora olhou para Scott por alguns segundos, como se estivesse refletindo sobre alguma coisa.

– Como está a relação de vocês agora? – insistiu.

– Agora já estamos conversando e ela está começando a me incluir em sua vida. Ainda não cheguei ao ponto que desejo atingir, mas, como você disse, vai levar algum tempo para consertar os danos que causei nesses 10 anos. Estou muito grato por sua ajuda.

– Que maravilha, Scott – disse o diretor. – Como eu falei no início deste processo, quando ajudamos nossos colaboradores em seus problemas em casa, acabamos contribuindo também para elevar sua produtividade no trabalho. Estou muito feliz que esteja se entendendo com sua filha.

Então, mudando de assunto, ele disse:

– Scott, o último encontro entre o seu grupo e nossa consultora é na semana que vem. Quero que todos os outros gerentes e supervisores da empresa também façam o treinamento sobre feedback e gostaria que você dirigisse o projeto, sendo o facilitador do próximo grupo.

Então era por isso que sua presença havia sido solicitada na sala do quinto andar. Sua insegurança fizera com que ele imaginasse o pior, mas as notícias eram boas. Scott só não entendeu bem qual seria seu papel. Com uma expressão confusa, ele perguntou:

– O que você quer dizer com "facilitador"?

– Facilitador é o papel que desempenhei durante o treinamento. Tudo que tem a fazer é apresentar nossa consultora e garantir que o pessoal aproveite o processo ao máximo. É provável que você também tenha algumas participações especiais, compartilhando com os outros seus "projetos".

– Vou adorar fazer isso. Obrigado por confiar em mim para esse trabalho.

Sorrindo e balançando a cabeça em um gesto positivo, a consultora disse:

– Scott, tenho certeza de que você vai se sair muito bem. Tem sido instigante observar o modo como você incorporou o poder do feedback positivo.

Indicando com a cabeça sua concordância, o chefe completou:

– Concordo plenamente. Não há dúvida de que você tem que ser o facilitador na próxima turma. Aqui está uma primeira lista de pessoas que estamos indicando. Analise, verifique as datas e me diga quem deve participar e quando você acha melhor realizar a primeira sessão.

Quando Scott estava saindo, o diretor perguntou:

– A propósito, no primeiro encontro você vai pedir para alguém pegar um envelope na recepção?

Scott sorriu para a consultora e respondeu:

– Ah, sim, o maldito envelope. Funcionou comigo.

Hora do reconhecimento

Ao descer as escadas, Scott ficou pensando no que dissera à consultora: "Funcionou comigo." De fato, havia funcionado. Muitas coisas em sua vida estavam correndo melhor agora. E tudo parecia ser uma questão de utilizar feedback positivo e corretivo de maneira eficaz, reduzindo o feedback insignificante e eliminando o ofensivo.

Quando passou pela entrada para o quarto andar, ele teve um estalo: "Por falar em envelopes, preciso fazer uma coisa. E não vai levar mais do que um minuto."

No início daquela semana, um novo auxiliar administrativo veio até sua sala trazer um envelope que havia sido encaminhado por engano ao quarto andar. Este erro, cometido por alguém do setor de remessas, havia atrasado algumas informações fundamentais para o trabalho de Scott. Ele havia ligado para o departamento responsável três vezes, mas o envelope não tinha sido encontrado.

De repente, um rapaz apareceu na sua sala:

– Com licença. Desculpe incomodar o senhor, mas acho que este deve ser o envelope que o senhor está procurando. Ele foi enviado para uma sala no quarto andar por engano. Tenho certeza de que se encaixa na descrição do que está procurando.

De fato, aquele era o envelope perdido, e, graças ao novo funcionário, Scott conseguiu evitar uma situação que poderia ser prejudicial à companhia. Ele agradeceu muito ao auxiliar, mas ficou nisso. Estava na hora de fazer com que o feedback funcionasse na vida de uma outra pessoa também.

Ao encontrar-se com o novo auxiliar e seu supervisor no quarto andar, Scott disse:

– Quero que saiba quão valiosa foi sua atitude para mim e para nossa empresa. Mesmo sendo novo por aqui, você estava atento e interessado em ajudar a encontrar o envelope desaparecido. Quando o encontrou, fez questão de entregá-lo em mãos. Por causa de sua atenção aos detalhes, um grande prejuízo financeiro foi evitado. Fico muito feliz em saber que estamos contratando pessoas com tamanha dedicação, pois isso fortalece esta organização. Muito obrigado.

O auxiliar administrativo expressou seu agradecimento pela consideração de Scott, que voltou feliz para sua sala. Mas a recompensa mesmo veio poucas horas depois, quando o supervisor do novo auxiliar ligou para Scott e disse:

– Meu novo funcionário ficou pasmo ao escutar suas palavras. Ele me disse que esta empresa é um ótimo lugar para se trabalhar porque os superiores fazem questão de parabenizar aqueles que realizam um bom trabalho. Ele realmente não esperava ouvir nada mais sobre o envelope. Parece que ele se sentia desvalorizado no último emprego.

Outra conversa de corredor

Dois dias mais tarde, Scott ouviu alguém chamando seu nome enquanto passava por um corredor. Ao virar, viu seu amigo – o gerente que só conseguia ver o filho em finais de semana alternados. Scott tinha algumas coisas urgentes para resolver, mas precisava dar pelo menos um minuto de atenção ao colega.

Depois de se cumprimentarem, Scott perguntou:

– Como estão as coisas entre você e seu filho?

– Praticamente na mesma, exceto que agora tento usar algumas das técnicas que aprendemos sobre feedback positivo. Acho que estou fazendo progresso, mas é difícil dizer. A propósito, obrigado pela força que me deu naquele dia.

– Que bom que pude ajudar. Pena que só possa ver o garoto a cada 15 dias. Sei o quanto ele é importante para você.

Com os sentimentos à flor da pele, o gerente olhou para o chão e sacudiu a cabeça.

– Aprendi muito em nossas aulas. Pena que a próxima será a última. Acho que preciso de mais ajuda.

– A empresa vai oferecer outra série de encontros sobre feedback com a mesma consultora e me pediram para coordenar o novo grupo de gerentes. Embora você já tenha participado, será bem-vindo.

– Parece boa ideia. Só preciso checar se consigo encaixar as sessões na minha agenda. Outra coisa: tenho ido a uma terapeuta para resolver alguns pontos referentes ao divórcio, e ela mencionou uma coisa que trouxe à tona algo que você disse. Ela sugeriu que eu tivesse uma conversa franca comigo mesmo, para reafirmar que sou um cara bacana e que a direção que estou tomando agora é boa. Depois do que aprendemos no treinamento com a consultora, parece que este exercício não é nada mais do que dar a si mesmo um feedback positivo, não é mesmo?

Scott não tinha certeza, mas, sem dúvida, fazia sentido:
– Acho que sim. Se os outros podem lhe dar feedback, você também pode dar feedback a si mesmo.

– No final da primeira sessão com a terapeuta, ela disse que eu carregava muita culpa pelo que aconteceu, a ponto de me punir com dúvidas sobre aquilo que sou. Disse que as conversas que eu tinha comigo mesmo eram negativas e que eu precisava transformá-las em algo mais positivo. Ela explicou que "pensamentos positivos geram comportamentos positivos". É basicamente a mesma mensagem que aprendemos no treinamento.

A consultora nunca abordara a questão do autofeedback, mas Scott conseguiu compreender o valor do que o amigo acabara de dizer. Devia ser verdade. Antigos pensamentos voltaram à sua mente. Ele lembrou que, há alguns meses, ele achava que estava tudo errado tanto no trabalho quanto em casa, por isso se habituara a preparar listas das coisas que não davam certo. Nos últimos meses, sua vida havia mudado para melhor.

– Você tem razão – disse ao amigo. – É possível dar feedback a si mesmo, e sua escolha entre o tipo positivo e o ofensivo pode influenciar a maneira como você se comporta.

– Você está parecendo a consultora dando treinamento! – disse o amigo. – Por sinal, queria sua opinião sobre outra coisa. Venho usando o feedback positivo com meu filho sempre que nos encontramos no final de semana, mas deve ter alguma coisa errada, porque ainda não conseguimos nos entender. Nossos interesses são tão diferentes que parecemos dois estranhos.

Scott concluiu que o problema devia ser parecido com o que ele enfrentara com sua filha.

– Nos últimos tempos, aprendi que eu tinha que me interessar pelo que minha filha queria fazer. Não dava para esperar que ela se interessasse pelas minhas coisas. O mesmo se aplica ao meu filho. Se ele quiser jogar bola no quintal, é isso que eu devo fazer para investir na nossa relação. A prioridade é dele. Se quiser melhorar o relacionamento com seu filho, vai ter que fazer algo do interesse dele. Na verdade, o mesmo se aplica aqui no trabalho com nossos funcionários.

– Mas meu filho só pensa em jogos eletrônicos... Cheguei até a comprar um novo video game para surpreendê-lo quando vier me visitar, mas não consigo ver a menor graça nisso.

– O novo video game tem um ou dois controles? – perguntou Scott.

– Tem dois, mas já disse que não gosto desses jogos eletrônicos.

– Gostar ou desgostar não vem ao caso. O melhor momento de dar feedback às crianças é enquanto estamos fazendo alguma coisa com elas, no universo delas. Se quiser causar um impacto poderoso sobre o garoto, vai ter que jogar com ele, pois isso lhe dará a oportunidade de valorizar o que você gosta e de corrigir o que precisa ser melhorado. Também vai descobrir que, depois que você passar algum tempo fazendo o que ele curte, seu filho ficará mais disposto a fazer o que você quer.

– Você acha?

– Tenho certeza! Já passei por isso com meus filhos, com minha esposa e com meus colaboradores! Pode confiar.

Hora do feedback corretivo

Scott percebeu que precisava cumprir uma promessa. Há muitos meses, ele prometera a Jerry que ofereceria apoio quando fosse apropriado e corrigiria quando fosse pertinente. Desde então havia mantido sua palavra. Agora estavam enfrentando uma situação em que era apropriado o uso do feedback corretivo.

A área de trabalho de Jerry não oferecia muita privacidade. Havia ruídos de todos os tipos e, apesar das divisórias que o separavam da pessoa ao lado, as conversas podiam ser ouvidas. Por isso, Scott chamou Jerry para conversar em uma pequena sala de reuniões, seguindo o ditado: "Elogie em público e critique em particular."

– Jerry, precisamos falar sobre seus relatórios de contatos semanais com clientes. Os dois últimos estão atrasados. Parece que os mesmos problemas de antes estão se repetindo. O que está acontecendo?

– Já estava esperando que você me perguntasse. Estou atarefado com alguns pedidos e não deu tempo para aprontá-los. Desculpe.

– O problema é que, como preciso apresentar um relatório consolidado da nossa divisão, isso faz com que eu tenha que "adivinhar" os seus números, o que não está correto.

Scott fez uma pausa para garantir que estava lidando com a situação de maneira adequada:

– O que podemos fazer para que os relatórios não atrasem no futuro?

– Para ser sincero, o problema é que, quando volto de uma viagem, normalmente estou cansado e ainda tenho que lidar com o trabalho acumulado do escritório. Vou deixando o relatório para depois e acabo atrasando. É minha culpa.

– Qual é a solução? – perguntou Scott.

– Tenho que tomar consciência e preparar os relatórios em dia.

– Concordo. Como podemos fazer isso?

– Você não tem que fazer nada. É meu trabalho. Preciso dar maior prioridade à tarefa e cumprir o prazo.

– Boa ideia, Jerry. Espero que tenha compreendido que, quando não tenho acesso aos números reais, acabo sendo obrigado a usar valores estimados.

– Eu não sabia disso, mas agora estou ciente e vou me empenhar para cumprir o prazo.

– Obrigado, Jerry. Gosto de você e do que tem feito pela nossa divisão. Se precisar de qualquer coisa, pode contar comigo.

– Obrigado, Scott. Gosto de você também.

Depois que Jerry saiu da sala, Scott refletiu sobre a maneira como conduzira a situação. "Acho que me saí bem", pensou. "Muito melhor do que teria feito seis meses atrás." Sem dúvida, as coisas estavam melhorando. E muito.

Formatura

Desta vez havia mais comes e bebes do que nas sessões anteriores e a mesa estava decorada com balões de gás. Para demonstrar seu apoio, o presidente da empresa estava lá. Sem dúvida, este último encontro tinha um clima de festa.

O diretor fez alguns comentários entusiasmados. Ele e o presidente acreditavam no poder do feedback e torciam para que os participantes não se esquecessem do que haviam aprendido.

– Nossa empresa investiu na habilidade que vocês possuem para lidar de maneira mais eficaz com as pessoas. Durante todo o treinamento, procuramos associar o sucesso nas relações de trabalho ao sucesso nas relações que temos em casa. Afinal, os dois tipos de relacionamento exigem as mesmas habilidades. Se o curso conseguiu ajudar em qualquer uma dessas áreas, cumpriu seu objetivo – disse o diretor.

O presidente afirmou que não é por acaso que as empresas bem-sucedidas são compostas por indivíduos bem-sucedidos. Para finalizar, encorajou os participantes a continuarem aprimorando suas técnicas de feedback:

– Vocês maximizam sua eficácia quando fazem o que é certo, com as pessoas certas, nos momentos certos.

Chegou a vez de a consultora falar.

– Gostei muito da experiência que tive com o grupo e com cada um de vocês individualmente. Espero que o contato tenha sido igualmente prazeroso para todos aqui.

A consultora disse ainda que o encontro de encerramento seria basicamente uma comemoração pelo que o grupo havia realizado nos últimos meses, mas havia algumas coisas que ela gostaria de rever. Pegando um balde de plástico que estava em cima da mesa, ela o levantou bem alto e disse:

– Vocês aprenderam sobre a existência do balde de feedback e a importância dele em suas vidas. Sabem como se sentem quando o balde está cheio e também quando ele está vazio. Acima de tudo, aprenderam técnicas eficazes para encher baldes no trabalho e em casa.

Pegando um furador de gelo que deixara sobre a mesa, a consultora continuou:

– Algumas experiências pelas quais passamos deixam furos em nossos baldes. – Ela fez, então, diversos buracos no fundo do balde e acrescentou: – Alguns são pequenos; outros, grandes. Uns são feitos por nós mesmos, os outros foram abertos por pessoas que nós deixamos nos atingir.

Depois de erguer o balde mais uma vez para que todos pudessem ver os furos no fundo, a consultora se aproximou um pouco mais do grupo.

– Quando começamos este treinamento, meu objetivo era mostrar a vocês o poder do feedback positivo e também os efeitos de cura e de mudança do feedback corretivo. Eu queria que cada um percebesse a ineficácia de comentários insignificantes e os estragos que o tratamento ofensivo pode causar. O retorno que damos em qualquer relacionamento pode tanto contribuir para o sucesso do mesmo quanto pode contaminar e destruir a relação. Se vocês compreenderam esta mensagem, certamente estão prontos para concluir este treinamento.

A consultora fez uma pausa e sorriu para os gerentes:

– Bem, estamos quase prontos. Todas as cerimônias de encerramento às quais já compareci contaram com um orador. Esta não poderia ser diferente. Nossa banca de conselheiros selecionou um dos formandos para ser nosso orador. Scott, poderia vir aqui e nos contar o que aprendeu com esta experiência?

Quando o nome de Scott foi mencionado, os gerentes aplaudiram. Todos sabiam o quanto o colega havia aprendido e tudo por que passara desde o dia em que o diretor lhe pedira para pegar um envelope na recepção. Ao se dirigir para a frente da sala, ele parecia não estar seguro do que ia dizer.

– Estou surpreso. Não sabia que iam me pedir para dizer alguma coisa, não preparei nada – disse Scott.

Um gerente o interrompeu:

– Fizemos de propósito para que seu discurso não levasse o dia inteiro!

Depois que as risadas diminuíram, Scott prosseguiu:

– De fato, eu poderia passar muito tempo aqui contando o que este treinamento significou para mim, para meus funcionários e para minha família. Mas serei breve.

Mais uma vez os gerentes aplaudiram. Scott continuou num tom de voz bastante sério:

– Posso dizer que a maneira como lido agora com as pessoas é bem diferente da forma como me relacionava com elas antes deste curso. Estou me saindo melhor com meus funcionários. Sei quando e como apoiar seus comportamentos e quando e como corrigi-los. Fui ofensivo com algumas pessoas no passado, mas dou duro para evitar que isso se repita.

Ele se desconcentrou e olhou para baixo. Depois, virou-se para a consultora e completou com a voz trêmula:

– O que a maioria aqui não sabe é que o feedback ofensivo quase destruiu minha relação com minha família. Cheguei muito próximo de arruinar meu casamento. Graças a essas aulas, estou consertando os problemas e prometo à minha família e a vocês que isso nunca mais vai acontecer.

Todos ficaram de pé para aplaudir. Percebendo que não conseguiria falar mais nada, Scott voltou lentamente para o seu lugar, com lágrimas nos olhos.

Quando deram início à celebração, a consultora também estava com os olhos marejados.

Hora de tirar férias

Depois de tantos anos viajando de um cliente para outro, a consultora já tinha desenvolvido uma rotina nos aeroportos. Ela tinha o hábito de manter a cabeça baixa e de caminhar rapidamente, puxando a mala de rodinhas, de forma que foi pura sorte quando esbarrou em Scott saindo de uma loja de presentes.

– Oi! – disse Scott. – Está andando muito rápido, moça!

– Scott, que bom ver você. Não vejo a hora de começarmos nosso treinamento no mês que vem. Sei que você já arranjou 15 vítimas!

– É isso mesmo. Onde pensa que está indo?

– Estou a caminho de uma sessão com outro grupo. E você?

– Até que enfim não estou viajando a trabalho. Nada de telefone tocando nem de funcionários dizendo: "Você tem um minuto?"

– Então você está de férias, certo?

– Certo.

A consultora viu uma alegria estampada no rosto de Scott que nunca observara antes. Lembrou-se de quando o conheceu e também de ter questionado a decisão do diretor em usá-lo para pegar o maldito envelope. A maneira como Scott reagiu à ausência de feedback tinha sido típica, mas a intensidade de sua reação fora um pouco inquietante. Ela desconfiara naquele dia que ele estava cheio de problemas. Com o passar do tempo, a consultora percebeu que Scott tinha um grande potencial de liderança. Ela admirava sobretudo sua dedicação e perseverança. Por isso, ali no aeroporto, olhando para o novo Scott, sentiu-se feliz com sua transformação.

Enquanto a consultora fazia mentalmente essa retrospectiva, uma mulher bonita se aproximou de Scott e sorriu para ela. Para evitar cometer alguma gafe, a consultora esperou ser apresentada.

– Ah, quero que conheça minha esposa. Será uma semana de sol, diversão e, como já disse, nada de telefone. Só nós dois. – E, virando-se para a mulher, ele disse: – Meu amor, esta é a consultora sobre quem lhe falei. Vou trabalhar como facilitador no seu próximo treinamento sobre feedback com um novo grupo de gerentes.

Com um sorriso no rosto, a esposa de Scott olhou para a consultora.

– É um prazer enorme conhecê-la. Já ouvi falar tanto de você que parece até que somos amigas há anos.

A consultora ficou sensibilizada com aquela atitude gentil e suave. A forma como a mulher de Scott olhava para ele refletia o bom momento que o casal atravessava.

– Estou muito feliz em ver os dois tirando umas férias – disse ela. – Embora eu viaje quase todas as semanas, nunca tenho tempo para me divertir. Estou morrendo de inveja!

A esposa de Scott colocou sua mão gentilmente sobre a mão da consultora e disse, emocionada:

– É impossível expressar o que sua ajuda significou para nós dois. Você entrou em nossa vida no momento em que estávamos prestes a tomar decisões muito drásticas. Graças ao que ensinou a Scott, que por sua vez já me deu inúmeras "aulas", somos pessoas diferentes do que éramos alguns meses atrás. Espero que aceite meus agradecimentos mais sinceros e profundos.

Scott colocou o braço em volta da esposa, e a consultora teve dificuldade em conter sua emoção diante da situação.

– Estou muito feliz em saber que as coisas estão indo tão bem. Vocês são um casal maravilhoso.

Quando ela estava se despedindo, a esposa de Scott fez um último comentário:

– Obrigada pelo novo Scott – disse.

Os três se separaram em frente à loja de presentes. Scott e sua esposa a caminho das férias, e a consultora indo ao encontro de outro grupo de gerentes, mas carregando um balde de feedback bem cheio.

Apêndice

No capítulo 2, a consultora aplica o Questionário de Avaliação de Feedback para que os gerentes quantifiquem suas habilidades de comunicação e relacionamento ligadas ao feedback. Ela pede que eles respondam ao questionário logo no início do processo de treinamento para que possam comparar seus resultados com um gráfico com a pontuação considerada ideal. Essa comparação permite que eles construam uma representação visual de seus pontos fortes e fracos em dez dimensões – um conjunto de conceitos escolhidos por englobar as características que cada pessoa deve possuir para dar feedback positivo e corretivo de maneira eficaz.

A consultora incentiva os participantes a reverem periodicamente suas pontuações com o objetivo de analisar seus progressos e necessidades de aprimoramento à medida que avançam no treinamento. Reproduzimos aqui o Questionário de Avaliação de Feedback para que você possa respondê-lo e depois contabilizar seus pontos de acordo com as explicações dadas a seguir.

Sugerimos que faça uma cópia do questionário para completá-lo novamente alguns meses depois. Assim, você poderá conferir seu desenvolvimento passo a passo.

É importante lembrar que os resultados de sua avaliação dependerão de sua honestidade e objetividade ao responder a cada item. Portanto, leia cada frase atentamente e seja o mais honesto possível.

Instruções para aplicação

O questionário contém 30 afirmações referentes à maneira como você dá feedback positivo e/ou corretivo às outras pessoas. Antes de começar, reflita sobre seu relacionamento com seus colaboradores, amigos e familiares. Partindo dessa perspectiva, considere cada afirmativa. Marque a letra apropriada em cada item, usando o seguinte código:

M = Muito próximo ao meu estilo
P = Próximo ao meu estilo
Q = Quase o meu estilo
N = Nada a ver com meu estilo

Questionário de Avaliação de Feedback
Desenvolvido por Richard L. Williams, Ph.D.

1. Quando dou feedback, utilizo exemplos específicos como base para discussão.
   M   P   Q   N

2. Tento não adivinhar por que a pessoa agiu de determinada maneira. Prefiro me concentrar no que realmente foi feito.
   M   P   Q   N

3. Focalizo o que a pessoa fez, não sua personalidade ou atitude.
   M   P   Q   N

4. Sempre que possível, dou feedback imediatamente após o evento.
   M   P   Q   N

5. Digo às pessoas o que elas fizeram corretamente e também o que elas fizeram de errado.
   M   P   Q   N

6. Faço de tudo para não perder a calma nem me exceder ao dar feedback corretivo.
   M   P   Q   N

7. Quando dou feedback, vou direto ao ponto, sem rodeios.
   M   P   Q   N

8. Não fico aguardando uma oportunidade para surpreender o funcionário fazendo algo errado.
   M   P   Q   N

9. Quando dou feedback, descrevo como me sinto a respeito do que aconteceu.
   M   P   Q   N

10. Quando estou corrigindo um comportamento, incentivo o outro a relatar seu próprio lado da história.
    M   P   Q   N

11. Quando dou feedback corretivo, elaboro algumas soluções possíveis antes do encontro.
    M   P   Q   N

12. Utilizo exemplos específicos ao dar feedback, para garantir que estou sendo muito claro.
    M   P   Q   N

13. Ao dar feedback, baseio-me em comportamentos.

    M P Q N

14. Dou feedback em momentos mais tranquilos, quando nenhuma das partes está pressionada pelo tempo.

    M P Q N

15. Acredito que a pessoa merece saber o que está fazendo corretamente, assim como o que precisa ser melhorado.

    M P Q N

16. Tento dar feedback corretivo quando posso manter a calma e agir de maneira objetiva.

    M P Q N

17. Ao dar feedback, não evito contato visual. Ao contrário, faço questão de olhar diretamente para a outra pessoa.

    M P Q N

18. Para mim, dar feedback é uma oportunidade de ajudar alguém, não uma chance de jogar em cima do outro algo que estava entalado na minha garganta.

    M P Q N

19. Fico atento para comunicar meus sentimentos, em vez de culpar a outra pessoa.

    M P Q N

20. Ao tentar corrigir um comportamento, uso perguntas abertas e explico o que estou pensando para garantir que estou compreendendo direito a situação.

    M P Q N

21. Tento elaborar cada mensagem de feedback de acordo com a necessidade da pessoa.
M   P   Q   N

22. Tento saber o que aconteceu, não fazer deduções.
M   P   Q   N

23. Ao dar feedback, tento evitar rótulos do tipo "irresponsável", "bom" ou "ruim".
M   P   Q   N

24. Evito dar feedback corretivo na frente dos outros.
M   P   Q   N

25. Tento ser justo, equilibrando o uso de feedback positivo e corretivo.
M   P   Q   N

26. Ao corrigir um comportamento específico, me apoio no "aqui e agora" e evito fazer referências ao passado.
M   P   Q   N

27. Quando dou feedback, me concentro em uma ou duas questões de alta prioridade.
M   P   Q   N

28. Ao oferecer feedback, não dou conselho a menos que a outra parte solicite.
M   P   Q   N

29. Quando dou feedback, descrevo como me sinto para que a pessoa possa entender o impacto do comportamento em discussão.
M   P   Q   N

30. Quando dou feedback corretivo, faço muitas perguntas para que eu possa analisar a situação do ponto de vista da outra pessoa.

M P Q N

Pontuação – Parte 1

Para fins de avaliação, cada uma das respostas corresponde a um determinado valor, descrito abaixo:

Muito próximo ao meu estilo = **3**
Próximo ao meu estilo = **2**
Quase o meu estilo = **1**
Nada a ver com meu estilo = **0**

Para obter a pontuação em cada uma das 10 dimensões, deve-se somar os valores numéricos de três dos 30 itens do questionário. Veja como funciona. Se você marcou "Próximo ao meu estilo" no primeiro item, coloque o número 2 no espaço em branco ao lado do item 1. Se você também marcou "Próximo ao meu estilo" nos itens 11 e 21, acrescente o número 2 a esses itens também. A seguir, some os pontos dos três itens para chegar à pontuação total e marque 6 na coluna Total.

Agora, complete o formulário abaixo e descubra sua pontuação:

Dimensões	Itens	Total
1. Elaboração de um plano	1___ + 11___ + 21___	= _____
2. Abordagem específica	2___ + 12___ + 22___	= _____
3. Foco em comportamentos	3___ + 13___ + 23___	= _____
4. Escolha de hora e local	4___ + 14___ + 24___	= _____
5. Feedback equilibrado	5___ + 15___ + 25___	= _____

6. Feedback relevante   6___ + 16___ + 26___ = ___
7. Técnicas eficientes   7___ + 17___ + 27___ = ___
8. Estilo eficaz   8___ + 18___ + 28___ = ___
9. Descrição de sentimentos 9___ + 19___ + 29___ = ___
10. Capacidade de ouvir   10___ + 20___ + 30___ = ___

Pontuação – Parte 2

O próximo passo é transferir as pontuações obtidas nas 10 dimensões para o gráfico da página 142. Exemplo: pegue o total obtido na dimensão 1, "Elaboração de um plano", e transfira, marcando um pontinho na escala vertical que representa a dimensão 1. Repita o procedimento para cada uma das nove dimensões restantes. Depois que tiver marcado cada dimensão com um pontinho representando sua pontuação total, trace uma linha reta de um pontinho a outro, criando um gráfico demonstrativo do resultado final do Questionário de Avaliação de Feedback.

Interpretação

Sempre que um instrumento de avaliação é aplicado e pontuado existe a possibilidade de imprecisão. Isso acontece, especialmente, se a pessoa não responder com seriedade ao questionário. Mas há situações em que o método usado não gera dados confiáveis. Esse fenômeno é raro, mas pode ocorrer quando a pessoa não compreende os itens da forma como foram colocados ou quando confunde os valores de pontuação. Uma terceira possibilidade é a apuração incorreta dos pontos. De qualquer maneira, é fato que o Questionário de Avaliação de Feedback oferece dados confiáveis para mais de 90% das pessoas que respondem às questões.

O gráfico a seguir contém uma faixa sombreada em seu topo que representa a pontuação ideal para cada dimensão. É comum que as pontuações variem de forma considerável, já que dependem da experiência e da habilidade naquela dimensão. Quem consegue marcar pontos na área sombreada geralmente possui grande habilidade na prática de dar feedback nesse determinado quesito. Caso seus resultados fiquem abaixo desse campo, isso significa que você precisa fazer ajustes e melhorias nas dimensões em que isso acontecer.

O importante é o seu compromisso de aprimorar suas habilidades. Este livro é uma excelente fonte de técnicas para desenvolver um plano realista para melhorar a maneira como você dá feedback às outras pessoas.

Gráfico de Avaliação de Feedback
Desenvolvido por Richard L. Williams, Ph.D.

	Elaboração de um plano	Abordagem específica	Foco em comportamentos	Escolha de hora e local	Feedback equilibrado	Feedback relevante	Técnicas eficientes	Estilo eficaz	Descrição de sentimentos	Capacidade de ouvir	
9											9
8											8
7											7
6											6
5											5
4											4
3											3
2											2
1											1

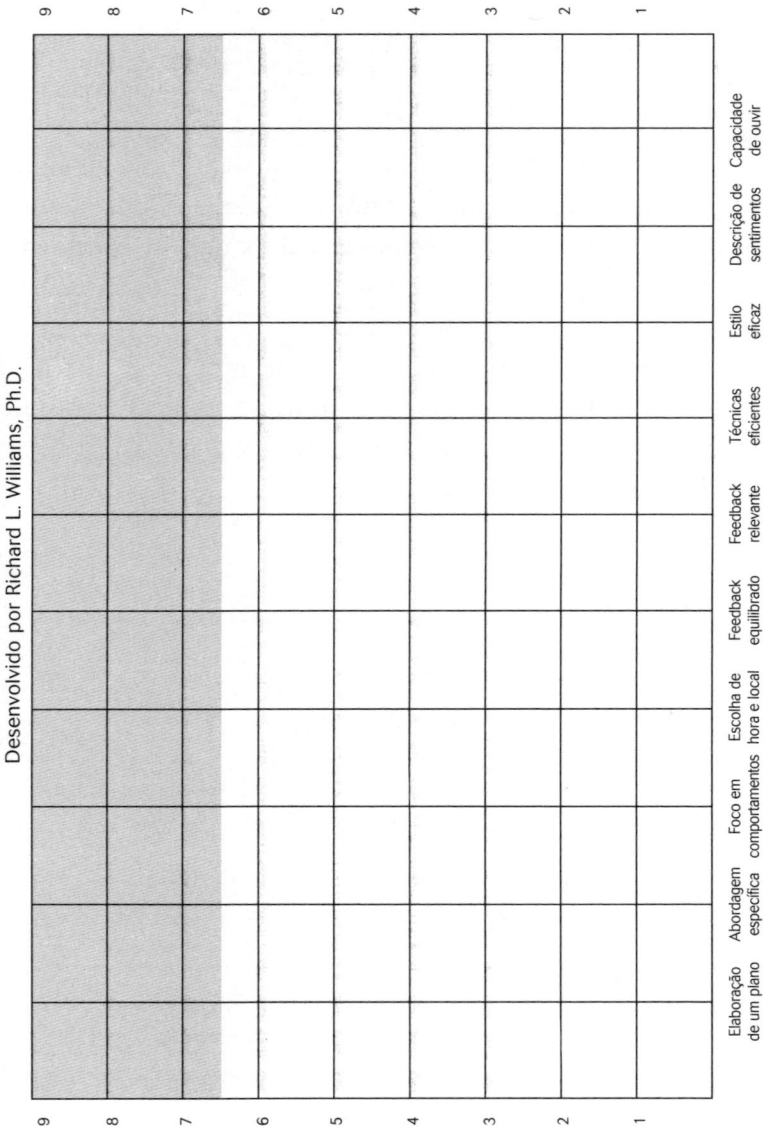

Agradecimentos

Há sempre muitas pessoas envolvidas no processo de criação de um livro, e a presente obra não é uma exceção à regra. *Preciso saber se estou indo bem!* tem suas origens nas centenas de palestras que ministrei em muitas empresas e organizações. Por isso, as primeiras pessoas a quem devo agradecer são os alunos que me inspiraram a aprender mais sobre o feedback. Sem eles, este livro não existiria.

Existem também algumas pessoas especiais que tiveram um papel decisivo no desenvolvimento desta obra. É o caso dos meus professores e dos profissionais que me auxiliaram no aperfeiçoamento do texto e no desenvolvimento da narrativa, assim como daqueles que me estimularam a completar o trabalho. Entre elas, Cathy Anderegg, Lyman Baker, Chuck Coonradt, Art Cornwell, Dr. Ian Griggs, John Hanson, Becky Harding, Tim Hartsuck, Rich Jennings, Lorna Johnson, Rick Keeler, Fay Klingler, Craig Mathes, John (Trip) Morris, Clair Naylor, Bob Perschon, John Phillips, Steve Rodgers, Shelley Roth, Dr. Marshall Sashkin, Marty Schlessel, Ann Whitney, Trent Williams e Rick Zenobi.

Por fim, seria absurdo não expressar meu agradecimento e carinho à minha família pelo apoio durante todo o processo de criação. Minha esposa, Rhonda, desempenhou um papel muito importante ao oferecer seus conselhos e opiniões. Sem sua ajuda, este livro seria apenas uma boa ideia e nunca teria efetivamente se tornado realidade.

CONHEÇA ALGUNS DESTAQUES DE NOSSO CATÁLOGO

- Augusto Cury: Você é insubstituível (2,8 milhões de livros vendidos), Nunca desista de seus sonhos (2,7 milhões de livros vendidos) e O médico da emoção
- Dale Carnegie: Como fazer amigos e influenciar pessoas (16 milhões de livros vendidos) e Como evitar preocupações e começar a viver
- Brené Brown: A coragem de ser imperfeito – Como aceitar a própria vulnerabilidade e vencer a vergonha (600 mil livros vendidos)
- T. Harv Eker: Os segredos da mente milionária (2 milhões de livros vendidos)
- Gustavo Cerbasi: Casais inteligentes enriquecem juntos (1,2 milhão de livros vendidos) e Como organizar sua vida financeira
- Greg McKeown: Essencialismo – A disciplinada busca por menos (400 mil livros vendidos) e Sem esforço – Torne mais fácil o que é mais importante
- Haemin Sunim: As coisas que você só vê quando desacelera (450 mil livros vendidos) e Amor pelas coisas imperfeitas
- Ana Claudia Quintana Arantes: A morte é um dia que vale a pena viver (400 mil livros vendidos) e Pra vida toda valer a pena viver
- Ichiro Kishimi e Fumitake Koga: A coragem de não agradar – Como se libertar da opinião dos outros (200 mil livros vendidos)
- Simon Sinek: Comece pelo porquê (200 mil livros vendidos) e O jogo infinito
- Robert B. Cialdini: As armas da persuasão (350 mil livros vendidos)
- Eckhart Tolle: O poder do agora (1,2 milhão de livros vendidos)
- Edith Eva Eger: A bailarina de Auschwitz (600 mil livros vendidos)
- Cristina Núñez Pereira e Rafael R. Valcárcel: Emocionário – Um guia lúdico para lidar com as emoções (800 mil livros vendidos)
- Nizan Guanaes e Arthur Guerra: Você aguenta ser feliz? – Como cuidar da saúde mental e física para ter qualidade de vida
- Suhas Kshirsagar: Mude seus horários, mude sua vida – Como usar o relógio biológico para perder peso, reduzir o estresse e ter mais saúde e energia

sextante.com.br